WAC BOOK

日本経済は、中国がなくてもまったく心配ない

三橋貴明 Mitsuhashi Takaaki

WAC

日本経済は、中国がなくてもまったく心配ない◎目次

PART 1 中国経済がなくても日本は心配ないこれだけの理由

PART 2

中国の経済成長が矛盾だらけだったこれだけの理由

PART 3 もはや中国経済の崩壊は避けられないこれだけの理由

PART 1

中国経済がなくても日本は心配ないこれだけの理由

01 欺《ぎ》瞞《まん》だらけだったレア・アース騒動

レア・アース禁輸は大打撃ではなかった

二〇一〇年九月の尖閣諸島中国漁船衝突事件の際、中国の圧力に屈した民主党政権は超法規的措置で船長を釈放しました。

そうした弱腰外交の背景には、中国がレア・アースの禁輸措置という経済制裁をちらつかせていたことも大きく影響しています。

レア・アースはハイテク産業にとって欠かせない貴重な資源であり、当時の日本は八割以上を中国からの輸入に頼っていたために、中国が禁輸すれば日本の製造業が成り立たない、と考えられていました。

マスコミが「中国を怒らせると日本経済が大打撃を受ける、さあ大変だ」と大騒ぎして盛んに危機感を煽《あお》っていたこともあり、一連の経緯を知らない読者はいないのではないかと思います。

はたして、本当にレア・アース禁輸は日本経済にとって「大打撃」だったのでしょうか。船長を釈放してまでも避けなければならない大問題だったのでしょうか。答えは「ＮＯ」です。

中国以外にレア・アースを輸出できる国がないわけではありません。レア・アースにおける中国のシェアが極端に高いのは事実ですが、これは自国と日本という二大市場が地理的に近いという利点と、容赦ない低価格販売を続けたことで、アメリカ、オーストラリアなど世界各国の主要な鉱山が閉鎖に追い込まれてしまったことが原因です。決して中国でしか採掘できないものではありません。ちなみに中国のレア・アースの埋蔵量は全体の三割程度です。

また、日本は一年分の備蓄があるので、すぐに悪影響が生じるわけでもなかったのです。

中国からの輸入量はすでに激減している

事件後、日本企業は中国への極端な依存を改善するため、ベトナム、モンゴルなど、新たな供給先を確保すると同時に、代替品の開発を急ぎました。

その結果、現在ではレア・アースの輸入量が激減しています。財務省貿易統計によれば、中国からの輸入量は四分の一になり、八割を占めていたシェアも五割と減っています。

■日本のレア・アースの輸入先

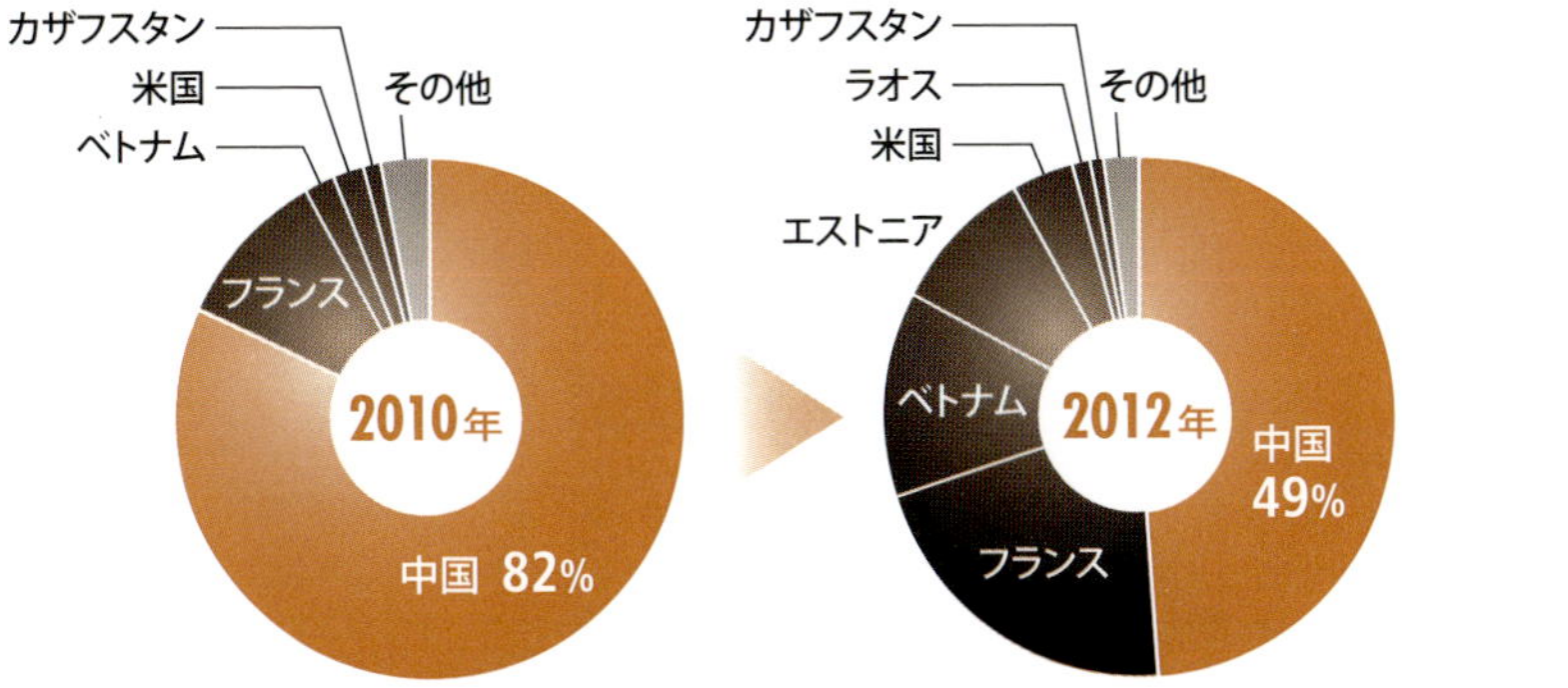

出典：毎日新聞（2012年）

■日本のレア・アースの輸入量の推移

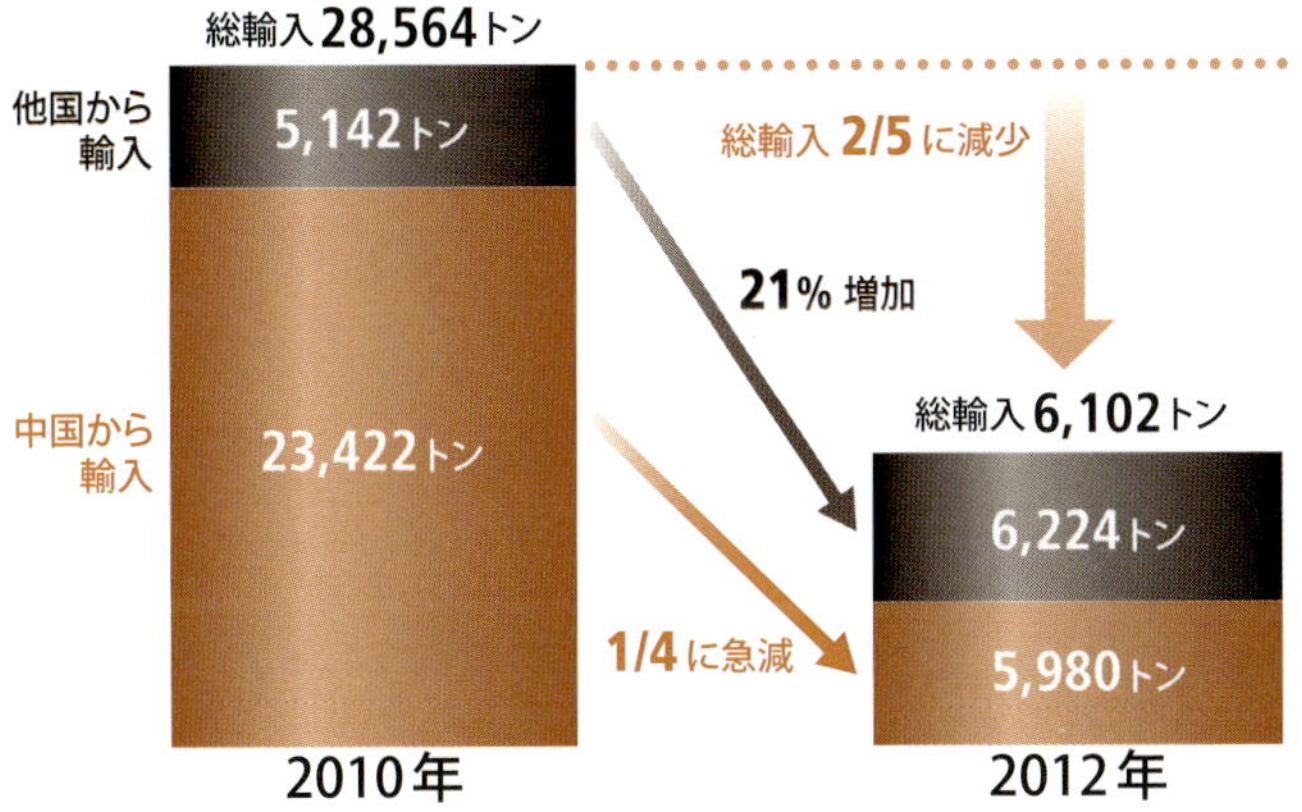

出典：毎日新聞（2012年）

一方で中国の輸出量は大きく落ち込み、むしろ「もっと買ってくれ」と頼んでくるような状態です。

わずか二年ほどで、立場は完全に入れ替わりました。その程度のものだったのです。まるで日本経済の終わりが来たとでも言わんばかりの、あの大騒ぎは一体何だったのでしょうか。

ついでに言えば、仮に禁輸措置が本当に行われたとしても、日本以上に困るのは中国です。なぜなら、日本にレア・アースが入ってこなければ、中国にも「レア・アースを使った資本財」が入ってこなくなるため、日本の資本財に大きく依存している中国の製造業が立ち行かなくなるからです。

あの時の記憶も手伝ってか、現在に至っても「日本経済は中国がなければ成り立たない」というイメージだけが世間に蔓延《まんえん》していますが、レア・アース同様、どうしても中国に依存しなければならない要素は、どこにもないのです。

02 「日本は輸出依存国」の前提が大きな間違い

印象論でしかない「輸出依存」のウソ

日本は中国経済に依存などしていませんし、依存しなければならない理由もありません。本章ではその理由を徹底的に解説していくつもりですが、まずは、日本国内にはびこっている大きな勘違いを正しておく必要があります。日本国民の大半が信じ込んでいる「日本は輸出依存国」という「常識」が、実はとんでもない誤解だということです。

尖閣諸島問題以降、中国の高圧的な行動に関する報道では、必ずと言っていいほど「経済に与える影響」を懸念する主張が付け加えられます。「最大の貿易相手国である中国とは良好な関係を築かなければ」という主張です。そしてこの主張が、中国に対して強硬な姿勢を取れない最大の足枷《あしかせ》になっています。

こうした主張の前提にあるのが「日本は輸出依存国」論です。現在、日本にとって中国が最大の貿易相手であることは事実ですから、「輸出に頼らなければ生きていけない日本にとって中国は重要な相手」という認識が何の疑いもなく受け止められてしまうのは、仕方のないことかもしれません。

しかし、その大前提がすでに大きな誤解なのです。この誤解を正さない限り、いくら「日本は中国に依存していない」と主張しても素直に納得してもらえません。

筆者はこれまでの著書でも再三にわたって触れ、様々なメディアでも繰り返し力説してきましたが、いまだに「日本は輸出依存国」という根拠のないイメージに縛られたままの人が少なくありません。誤解を完全に払拭《ふっしょく》するには、何度でも同じことを言い続けるしかないでしょう。

日本は内需拡大で成長してきた国

グラフを見れば一目瞭然《いちもくりょうぜん》です。日本の輸出総額はＧＤＰの一四パーセント強でしかなく、ＯＥＣＤ諸国の中でも下から数えたほうが早いレベルです。日本が輸出依存国であるというなら、世界の主要国はみな、日本以上の輸出依存国ということになってしまうでしょう。数値を見れば誰でもわかることなのに、なぜこんな馬鹿げた誤解が広

■2011年　主要国輸出依存度・輸入依存度

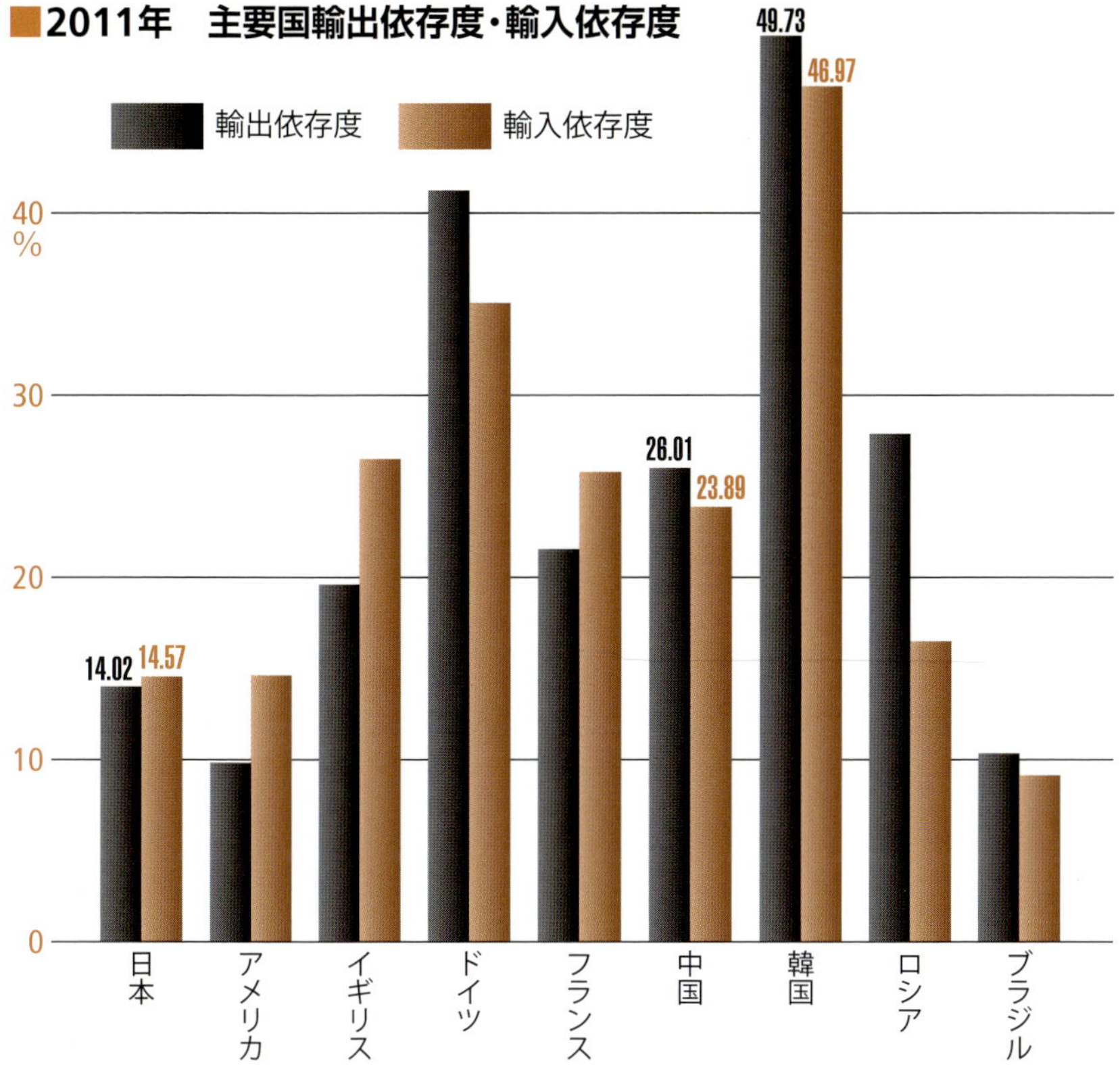

輸出依存度は「財の輸出÷名目GDP」で、輸入依存度は「財の輸入÷名目GDP」で計算。通常、GDPに参入される輸出入は「財・サービスの輸出入」であるので、若干数字が異なる。

出典：IMF、内閣府、財務省

がってしまうのでしょうか。

そもそも日本は高度成長期から輸出依存国ではありませんでした。当時でさえ輸出依存度は今と変わらない一〇パーセント程度です。輸出が高度成長にまったく貢献していなかった、などと極論を言うつもりはありませんが、日本の高度成長は主に、旺盛な個人消費と公共投資、それに伴って拡大を続けた企業の設備投資によるものです。日本は、健全な内需の拡大によって着実に成長してきたのです。

数値的根拠のない印象論を盲信していては、正しい判断などできるはずがありません。前述したレア・アースの一件も、背景に「日本は中国に頼らなければいけない輸出依存国」という漠然とした認識があったために、無用な心配をする羽目になってしまっただけの話です。

本書の趣旨そのものが崩れてしまいかねませんので、繰り返しますが、日本は輸出依存国などではありません。

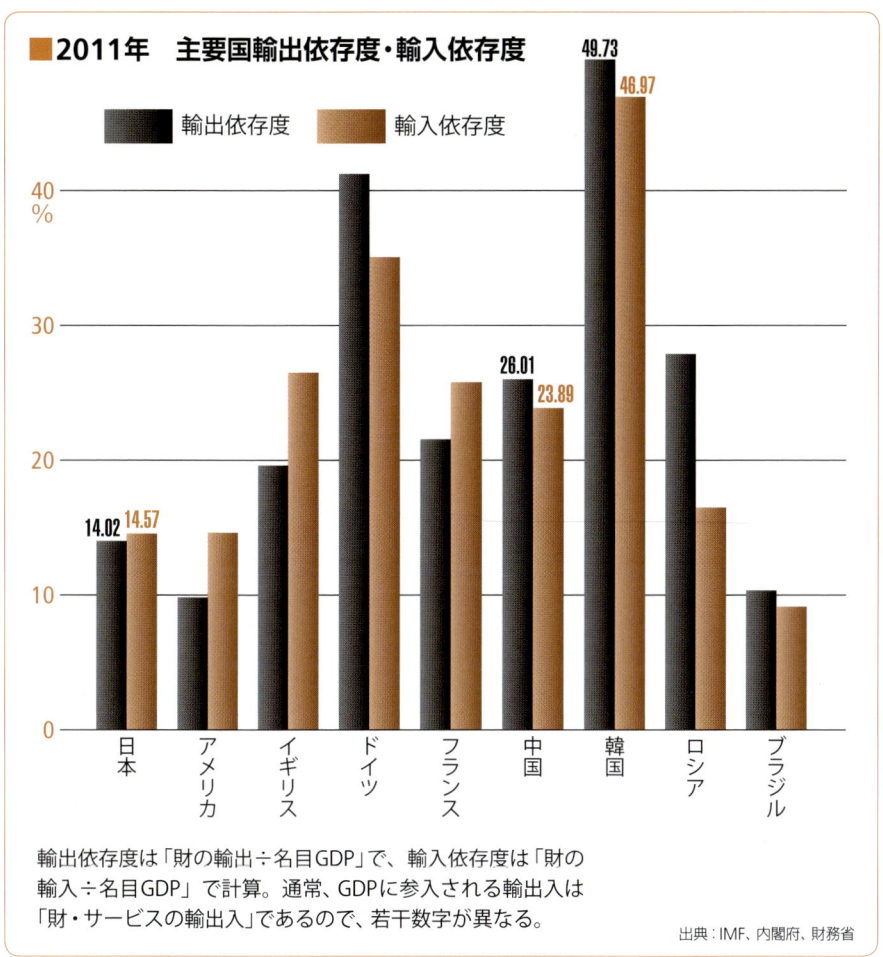

03 日本経済は中国に依存などしていない

対中輸出額はＧＤＰの三パーセントに過ぎない

「日本は輸出依存国」がただの印象論に過ぎない大間違いであることを理解した上で、次は「中国への依存」も根拠のないデタラメであることを説明していきます。

過去一〇年間の日中貿易の推移を見ると、日本の輸出総額に占める中国のシェアは年々増加の一途を辿《たど》り、二〇一〇年で一九・四パーセントとなっています。

ちなみに二〇〇九年に大幅な減少となっていますが、これはリーマン・ショックの影響によって世界的に貿易総額が減少したためで、日中間のみで起きた現象ではありません。

「輸出の約二割を中国が占めている」

そこだけ見ればなるほど、中国への依存の割合は無視できないと主張したくなるのも理解できないわけではありません。

しかし、すでに説明したように日本の輸出依存度そのものが低く、もともと少ない輸出の中の二割を占めているに過ぎません。「日本経済への影響」と言うのであれば、日本のＧＤＰに対してどの程度の割合を占めているかを見る必要があります。

二〇〇九年における日本のＧＤＰは約五兆ドルでした。それに対し、中国・香港向けの輸出額は約一四一五億ドルとなっています。これを対ＧＤＰ比で見ると二・七九パーセントとなります。

ＧＤＰのわずか約三パーセントにしか過ぎないものに「依存している」という表現は成り立つでしょうか。

貿易関係が途絶しても日本は困らない

さらに、輸入額の分を差し引いた対中国の貿易黒字は、ＧＤＰ比で〇・三五パーセントに過ぎません。

つまり中国との貿易が途絶することがあった場合、日本経済の規模を表すＧＤＰが〇・三五パーセント減少する、ということになります。

たったのそれだけです。確かにゼロではありませんが、この程度の数値で「日本経済は中国なしでやっていけない」などと言うのは、いくらなんでも大げさではないでしょうか。

たとえば皆さんの会社で、利益の〇・

■2009年 日本のGDPと対中輸出入（香港含む）

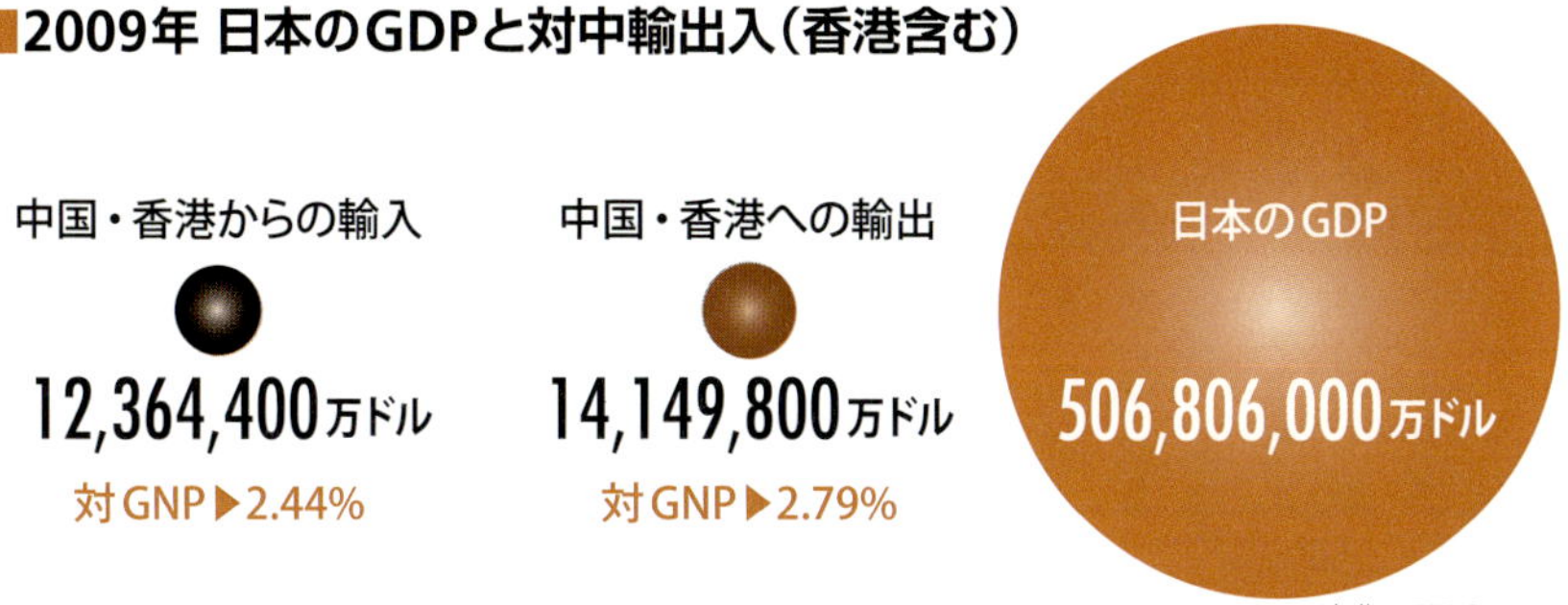

出典：JETRO、IMF

■過去10年間の日中貿易の推移

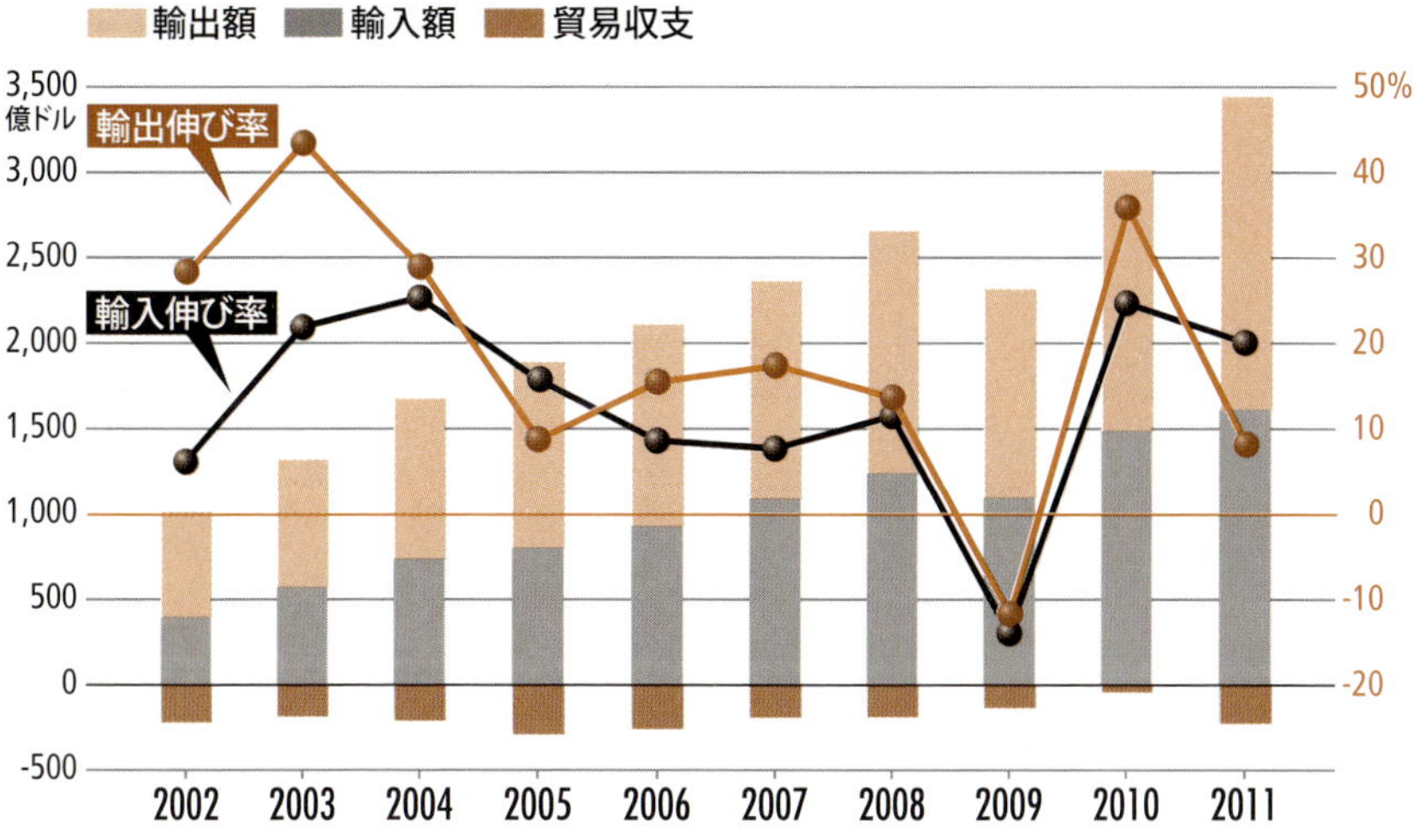

出典：JETRO

三五パーセントを占めている取引先に契約を打ち切られたとき、「大変だ。あそこに切られたらウチはやっていけない」などということになるでしょうか。「だから何？」くらいの反応で終わりでしょう。

その程度のことで大騒ぎしているのがいかに滑稽《こっけい》であるか、数値を見ればおわかりいただけると思います。

万が一、貿易関係が完全に途絶してもこのレベルでしかないのですから、尖閣諸島を巡る日中間の関係悪化で輸出入が多少減ったところで、日本経済にとって痛くも痒《かゆ》くもありません。誤差の範囲でしかないのです。

もちろん中国へ積極的に進出している輸出企業は痛手でしょうが、逆に言えばそれだけの話です。買い手は他にいくらでもいるのですから。各企業が売り込む先を変えれば済むことであり、それを持って日本経済の「危機」を語るのは、どう考えてもおかしな話でしょう。

04 日本の「迂回《うかい》輸出構造」に組み込まれている中国

中国への輸出は「資本財」が主力

日本から中国への輸出が対GDP比でわずか三パーセントでしかなく、中国への依存度が極めて低いという事実を確認した上で、今度は輸出の内容について見てみましょう。

実を言えば、日本から中国へ輸出される主力製品は最終消費財ではありません。つまり一般の消費者たちに買ってもらうためのものではなく、中国国内のメーカーが製造するための「資本財」が主力になっています。

中国の富裕層が日本へやってきて、銀座や秋葉原などで派手に買い物をしているイメージが強く、「人口一三億を超える巨大市場に進出しなければ日本の輸出業に未来はない。乗り遅れてはいけない」といった論調もよく聞きますが、実際には、彼らに売るための製品は輸出の主力ではないのです。

日本から資本財を輸入し、中国で製造した製品を中国が他国に輸出する、というわけで、最終的な消費者すなわち「エンド・ユーザー」は中国人ではありません。

そのように考えると、日本の「中国への依存度」はさらに低い、ということになります。

迂回輸出構造で成り立つ中国の輸出

かつて日本は「世界の工場」と言われ、巨額の貿易黒字を叩き出していた時代がありました。輸出攻勢をかけられて国内の雇用を奪われる形となったアメリカとの貿易摩擦が悪化し、激しいジャパン・バッシングが起こりました。その結果、日本はアメリカへの直接投資を拡大し、現地生産する方向へシフトせざるを得ませんでした。

以降、資本財を輸出して現地生産し、出来上がった製品を他国に輸出する「迂回《うかい》輸出構造」が増え、アジア諸国にも広がっていきました。

中国と日本の関係は、まさにこの「迂回輸出構造」そのものです。組み立て工程の一部を中国へ移し、中国は自国で組み立てることで「付加価値」を加え、それによって互いにGDPを増やしているわけですから、いわゆる「ウィン＝ウィン」の関係であり、どちらかがどちらかに依存している、という

■中国の製品別輸出 10年、11年

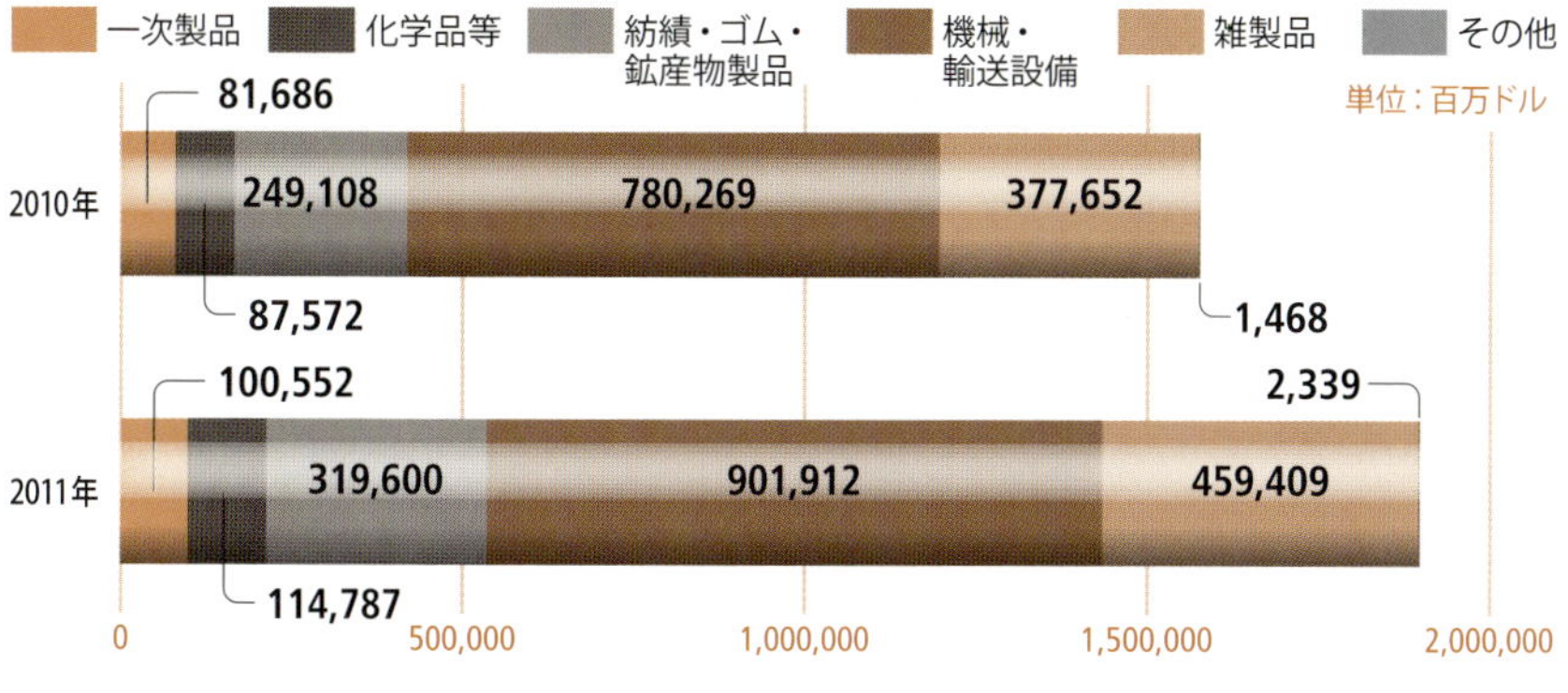

出典：JETRO

■中国の国・地域別輸出 10年、11年

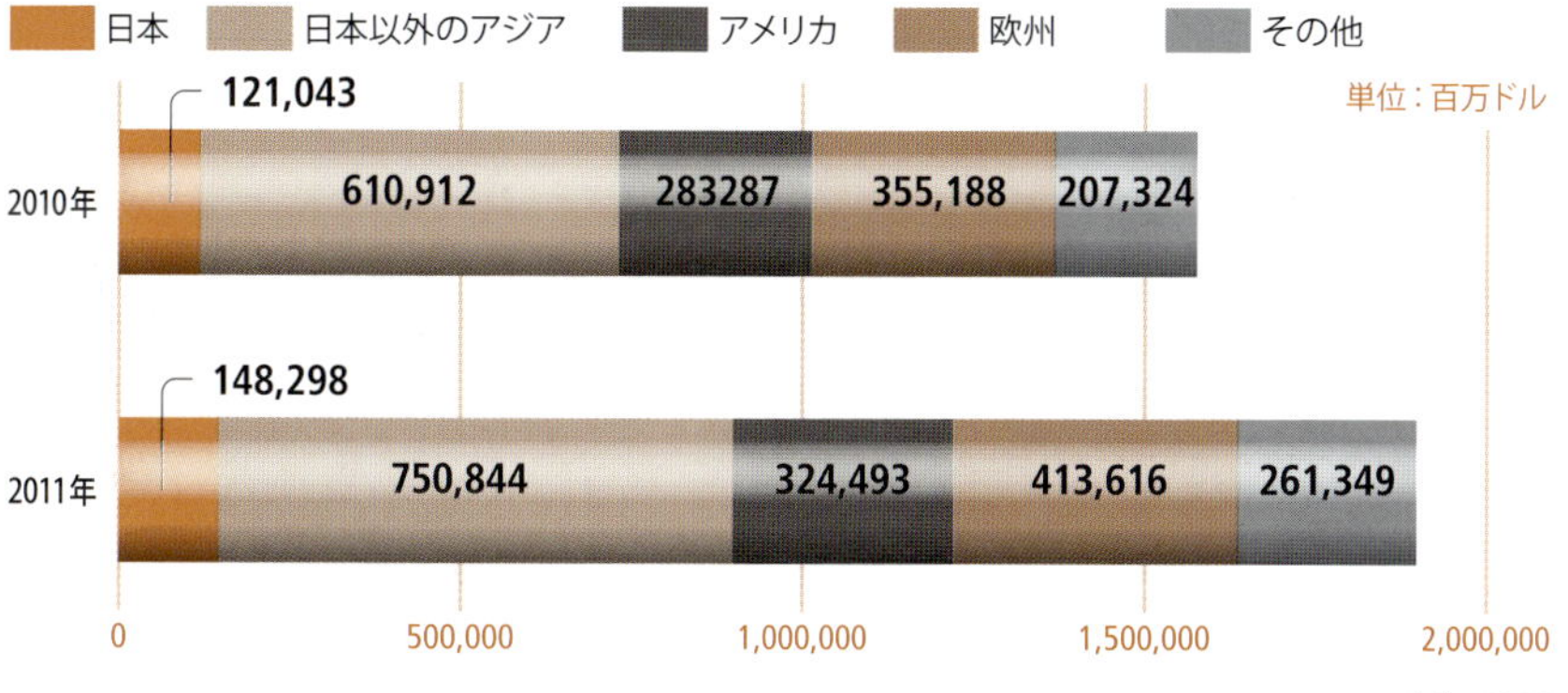

出典：JETRO

ようなものではありません。

そして中国の輸出業の大半は、日本の「迂回輸出構造」によって成り立っています。

グラフの輸出製品の内訳を見ると、「機械・輸送設備（家電・自動車）」が約半分を占めていることがわかります。かつての主流だった衣料などの雑製品の割合は減る一方です。

つまり中国の輸出業は、日本との共存関係の比重を高めることで成長してきたわけです。

一方、すでに説明した通り、日本のGDP比に見る対中国依存は、極めて低いものでしかありません。もし「ウイン＝ウィン」の関係を断った場合、もちろん両者とも打撃を受けるわけで、「お互い様」ということになりますが、どちらの影響度が深刻化は説明するまでもないでしょう。

少なくとも「日本だけが大打撃を受ける」などという事態になるはずがないのです。

05 日本の対中投資はそれほど多くない

中国への直接投資はアメリカ向けの四分の一

「輸出依存の割合が少ないと言うが、日本がこれまで膨大な額の投資をしてきたことに変わりはない。日中関係が悪化すれば、それがすべて無駄になりかねない」

数値を示して説明しても「中国依存」論を崩そうとしない人たちは、そのような反論をしてくることがあります。すでに多額の投資をしてしまったのだから今さら引き返せない、と言いたいのでしょうか。

何が言いたいのか、正直なところよくわからないのですが、ならば日本の対中投資について、きちんとデータを見ていくことにしましょう。

「対中投資」とは、つまり過去に日本が実施した中国における直接投資（工場の設置、支社の開設など）です。

経済には「フロー」と「ストック」のふたつの面があります。お金が出たり入ったりする一定期間の収支が「フロー」、そして預貯金などの財産が「ストック」です。家計や企業もまったく同じです。

そこで、「フロー」のひとつである輸出入とは別に、「ストック」の面で「対中依存」の実態を見てよう、というわけですが、日本の主要国向け直接投資残高を比較して見ると、中国への直接投資がそれほど多いわけではなく、アメリカ向けの残高の四分の一程度でしかないことがわかります。

しかもＧＤＰ比では一パーセント強という計算になります。

日本の中国依存は相対的に低い

日中関係が悪化したら、せっかく作った日本の資産が、最悪の場合、中国共産党政府に接収されてゼロになってしまうかもしれない。だから大変だ、という理屈は間違っているわけではありませんが、失うのはＧＤＰ比で一パーセント強の資産のみです。

さきほど説明した通りＧＤＰは「フロー」ですから、たとえて言えば「年収五〇〇万円の人が五万円で買った株が紙くずになった」程度のことでしかないわけです。

日本企業が続々と中国進出をしているようなイメージが日本国内に広がっ

■2011年時点の日本の主要国向け直接投資残高

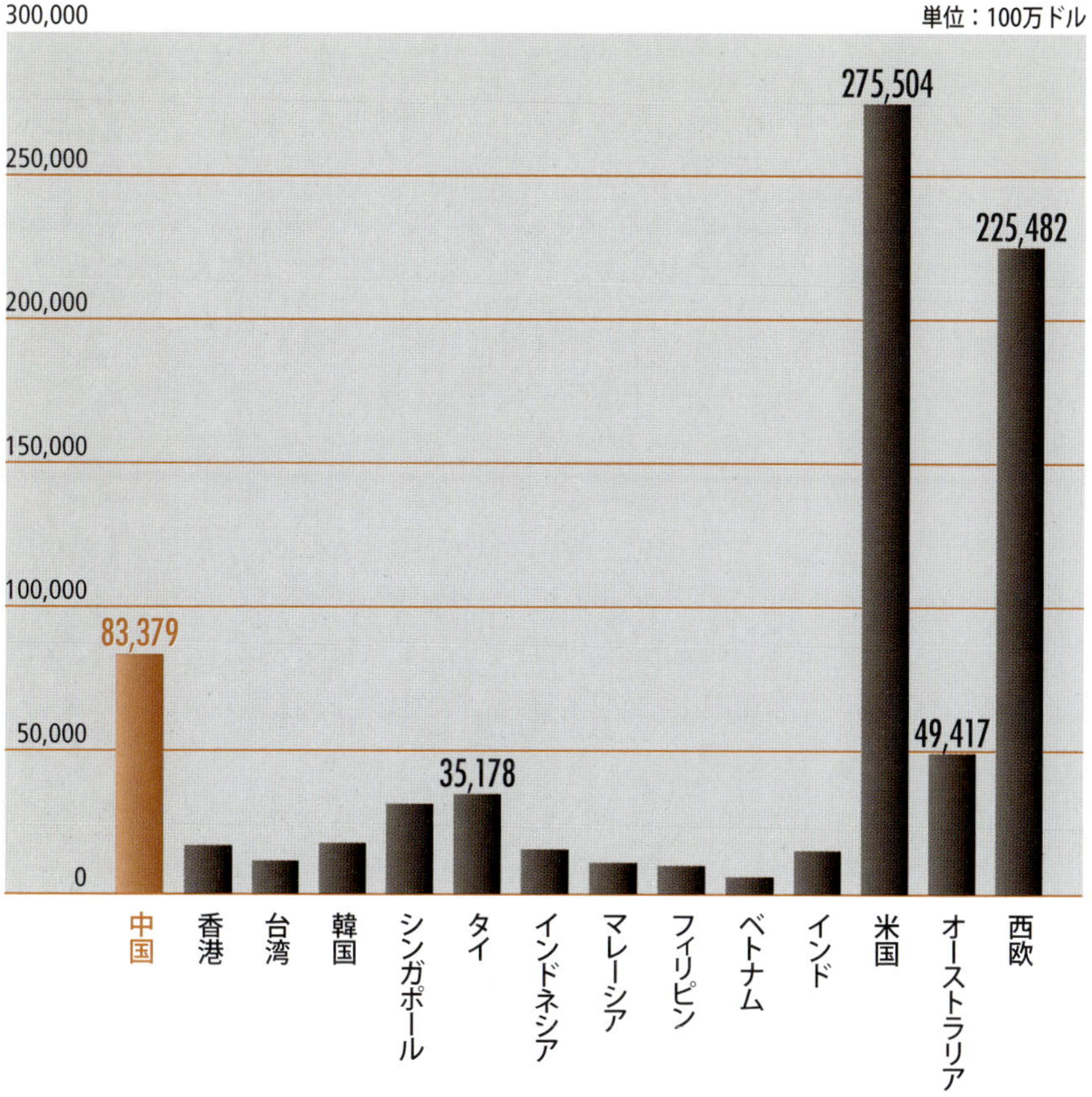

出典：JETRO

ていますが、冷静に数値だけを見れば、そうしたイメージとかけ離れていることが理解できると思います。

これをもって「中国依存」というのであれば、それ以上に「アメリカ依存」を心配しなければなりません。なにしろアメリカへの直接投資額は中国向けの四倍近いのですから。

フロー、ストックの両面とも、中国への依存度は巷間で心配されているような大きいものではありません。

もちろん金額的には決して小さくないのですが、依存度の「高い低い」を言うのであれば、何に対して高いのか、何と比べて低いのか、相対化して見なければ意味がありません。

鎖国しているわけではないのですから、たくさんの国と大なり小なり、ある程度の依存関係を持っているのは当たり前の話です。中国もその中のひとつに過ぎず、数値をもって相対的に見れば、むしろ「依存度」は低い、と言わざるを得ません。

06 日本が輸入しなければならない理由は皆無

安さが売りの中国産は輸入しないほうが好都合

いくら「対中依存度が低い」と言っても、中国以外に輸入できる国がなければ、日中関係の重要性は無視できないでしょう。

日本が輸入しているものの中で最も大きな割合を占めるのは、言うまでもなく原油や天然ガスなどのエネルギー資源です。ご存じの通り、日本がこれらの鉱物性資源を依存しているのは中東です。このように、日本にとって極めて重要で貴重な輸入製品を中国から輸入しているのであれば「依存している」という表現も成り立つわけです。

しかし、レア・アースの例を見ればわかるように、どうしても中国に輸出してもらわなければ困る、などというものはひとつもありません。すべて代替が効くものばかりです。

現在、国産に比べて価格が安い中国の農産物が大量に輸入されていますが、まったく入ってこなくなったとしても、別に困るわけではありません。

中国産を使って低価格を売りにしている飲食業などが一時的に厳しくなることは確かでしょう。一〇〇円ショップなどが経営困難に陥《おちい》るのも容易に想像できます。しかし、少々高くても国産に切り替える方向にシフトすれば、長期的にはプラスになるはずです。

困るどころか、むしろ良いことずくめなのです。なにしろ日本経済の最大の問題はデフレです。物価が上がらないために停滞しているのですから、安さが売りの中国産が消えてなくなったほうが、好都合です。

世界中に「デフレを輸出」する中国

中国からの輸入がなくなれば、必然的に国内農産物の需要が増え、農業への投資も流通量も増えていくでしょう。

自然に農産物の価格は適正なものとなり、日本の農家も大助かりです。

しかも中国産の危険性は広く知れ渡っていますから、安全で美味しい日本産が増えるのは、消費者にとっても喜ばしいことのはずです。

そもそも「他国から輸入する」ということは、「国内の生産活動を停滞させ、雇用を奪う」ことに他なりません。

農産物に限らず、安過ぎる中国製品が

■中国産農産物の輸入がなくなれば!?

危険で安い中国産農産物
輸入ストップ
国内農産物の需要が増え、農産物の価格は適正となり、日本の農家も大助かり

入ってくることで、価格競争では絶対に勝てない国内企業が苦しめられ、日本経済に悪影響を及ぼしてきました。つまり中国から輸入しているのは「デフレ」そのものである、ということが言えるわけです。

実際に、中国最大のお得意様であるアメリカなどは深刻な不況と失業率の増加に苦しめられ、「デフレを輸出」している中国へのバッシングが激しくなっています。

中国の経済成長は、不当な人民元安と人件費の安さを武器にして世界中に「デフレを輸出」することで成り立っていたに過ぎません。

前述したように「迂回輸出構造」による依存関係にあるため、輸出に関しては日本も悪影響がまったくのゼロ、というわけにはいきません。しかし輸入がなくなる場合に限って言えば、もともと「安い」以外に中国製品を必要とする理由はなく、むしろ好影響を与えると考えるべきでしょう。

07 経済成長しても「消費を楽しむ」ことができない中国人民

個人消費は日本の二分の一

そもそも経済とは何のためにあるのでしょうか。

それはもちろん、国民の豊かで幸福な暮らしを実現するためです。GDPの額だけを見て「経済成長した」などと言っても、国民が豊かにならなければ意味がありません。

そして国民の豊かさを測る物差しは「いくら消費できたか」、もっとストレートに表現すれば「どれだけの消費を楽しめたか」の一点に尽きます。

生産能力を高め、消費するための財やサービスをよりたくさん生み出すことで、より豊かな暮らしが実現できるわけですから、GDPを拡大させるとともに豊かさは増していかなければならないはずです。

ところが、世界第二位の経済大国になったと言われている中国の場合、GDPがいくら拡大しても、ほとんど「豊かさ」につながっていません。中国人民は少しも「消費を楽しむ」ことができていないのです。

参考までに日本と中国を比較してみると、日本の国民一人当たりのGDPは約三九〇万円、国民一人当たりの個人消費二二四万八〇〇〇円に対し、中国はそれぞれ約四六万円、一八万一六一九円となっています。

一人当たりのGDPでは日中の開きが約八倍しかないのに対し、一人当たりの個人消費は一二倍もの開きがあります。

一人あたりのGDPが少ない上に、経済規模に見合った消費が行われていないわけです。

言い方を変えれば、生産面で貢献している割に、その恩恵を受けることができずにいるということになります。

「暮らしのための経済成長」が「経済成長のための暮らし」

中国の輸出製品は「安さ」が唯一の武器です。中国はこの「安さ」を維持するために、長期にわたって人民元を不当に安く抑え、人件費を抑えてきました。つまり中国人民は、GDPの拡大、すなわち経済成長を達成するために、安い賃金に甘んじることを余儀なくされてきたわけです。

「暮らしのための経済成長」のはずが

2011年　日中両国の国民一人当たりGDP・個人消費

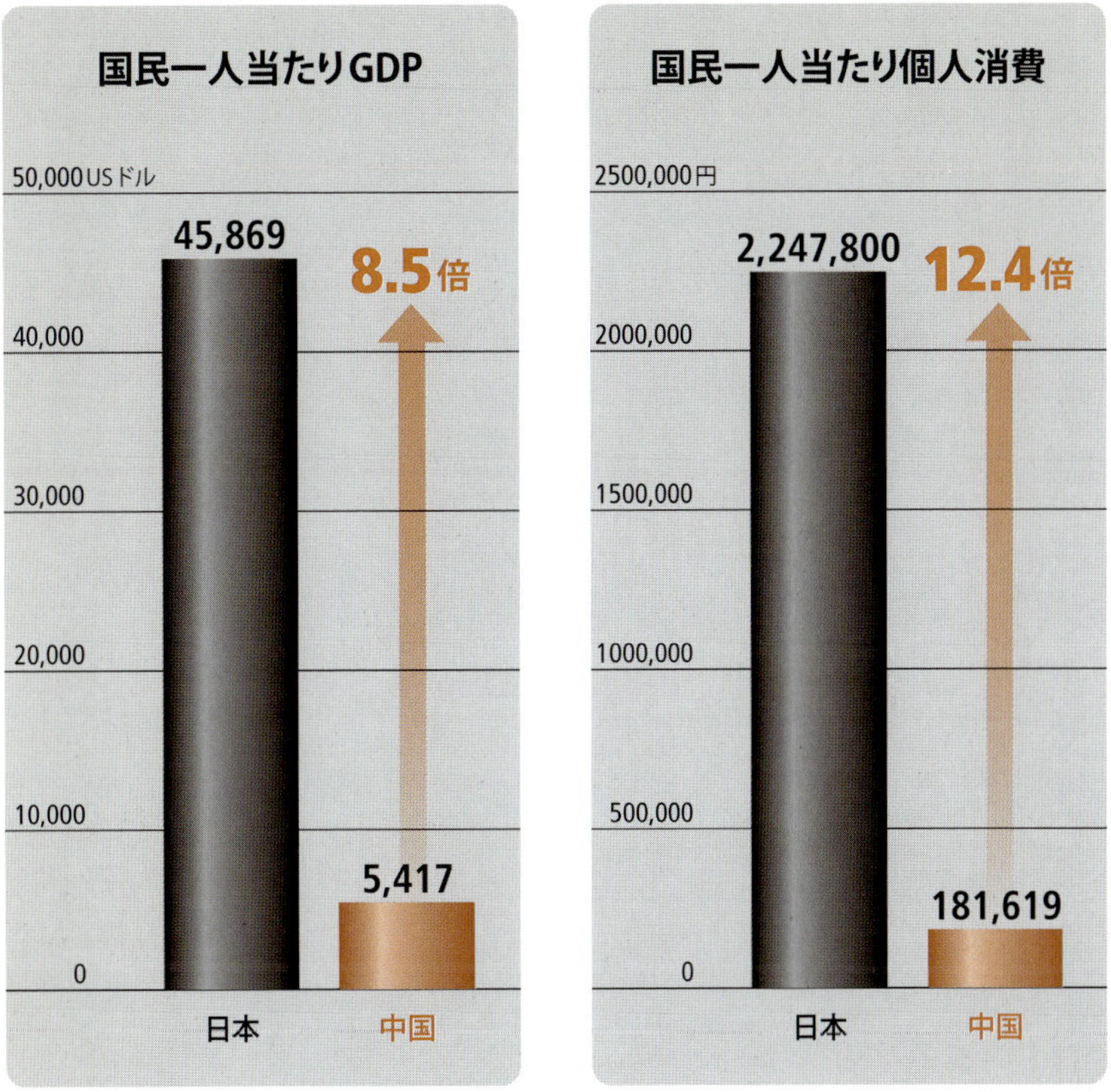

※1ドル=85円、1人民元=14.8円で計算

出典：IMF、JETRO、内閣府

「経済成長のための暮らし」になってしまったようなものです。

消費が伸びない理由は他にもいくつかありますが、人民の立場からすれば、将来への不安から「使いたくても使えない」のが現実でしょう。

デフレ下の日本も同じような将来不安が蔓延し、消費を控えて貯蓄に回す人がほとんどでした。その結果として日本の家計の現預金が八〇〇兆円を超えるという、異常な事態になっているわけですが、日本の場合は「将来不安」というイメージが増幅することで悪循環に陥ってしまっただけで、何かのきっかけで国民の意識が変われば、すぐに好転する性質のものです。

しかし中国の場合、保険などの社会インフラが整っていないために、意識を変えたくても、変えるわけにはいかないのです。中国人民にとって預金の有無は、少しも大げさではなく、生死に関わる問題であり、迂闊《うかつ》に消費できないのは当然だと思われます。

08 人件費高騰で外資系企業が進出するメリットはない

消費拡大を意図した露骨な賃金アップ要求

二〇一〇年末に終了となった第一一次五か年計画には「経済建設を中心とする」という文言が入っていました。つまり中国は、「投資中心」によるGDPの成長を意図していたわけです。

ところが同年に発表された第一二次五か年計画では「経済建設」の文言が削除され、個人消費の拡大を目標に掲げています。家計の収入や所得の増加ペースをGDPの成長率と同じにすることを目標に盛り込んだのです。

不動産バブルを抑制し、なおかつ人民元切り上げや貿易黒字縮小の圧力をアメリカから受け、世界的な需要増大も見込めない状況では、投資や輸出に頼る経済成長は困難です。

したがって個人消費の拡大でGDPを支えるしかないのですが、個人消費がGDPに占める割合は年々減っており、この現状を是正するしかないと判断したということです。

個人消費の拡大は、まず賃金が上がらないことには何も始まりません。

五か年計画発表と前後して、中国では突如、外資系企業での賃上げを要求するストライキが頻発するようになりました。特に狙い撃ちされたのは日本と台湾資本の工場で、三か月ほどの間に四〇社以上でストライキが発生したと言われています。そのうちの七割が日系企業です。

ここまで集中的に多発したのは、もちろん偶然ではありません。そもそも中国ではストライキ権は認められておらず、中国共産党の思惑が働いているのは明らかでしょう。

日本で生産したほうが実は安上がり

ホンダ、トヨタ自動車の系列工場でストライキが相次いだとき、中国の王《おお》岐山《きざん》副首相は「中国経済の発展に伴い、労働コストの問題が出てくるのは自然なこと」と白々しいコメントをしていましたが、「よく言うよ」と失笑するしかありません。「安い人件費」を売りに外資系企業を呼び込み、中国人民を犠牲にしてきた中国共産党が言うセリフとは思えません。

ちなみに二〇一〇年の最低賃金引上げの動向は表の通りです。各地で一

■2010年の中国における最低賃金引き上げ動向

地方・地域	具体的な最低賃金引き上げの内容			
浙江省(杭州・寧波など)	2月から	850元 ➡	960元	(約13%引き上げ)
上海市	4月から	960元 ➡	1100元	(約15%引き上げ)
江蘇省(蘇州・無錫など)	4月から	960元 ➡	1100元	(約15%引き上げ)
福建省(厦門・福州など)			800元～900元	(平均で24.5%)
深圳市	7月から	1000元 ➡	1100元	(10%引き上げ)
東ガン市	7月から	770元 ➡	920元	(19.5%引き上げ)
広州市	5月から	880元 ➡	1100元	(27.9%引き上げ)
北京市	7月から	800元 ➡	960元	(20%引き上げ)
天津市	4月から	820元 ➡	920元	(12%引き上げ)

中国進出の最大のメリットであった「人件費の安さ」は、もはや過去の話

〇パーセントから三〇パーセント弱の引き上げが行われ、その後も要求はどんどんエスカレートしています。

中国進出の最大のメリットであった「人件費の安さ」は、もはや過去の話になりつつあるのです。

さらに中国労働契約法の施行で、連続十年以上勤務している従業員、期限付き雇用契約を三度目に更新する従業員の終身雇用が義務付けられました。法人税優遇措置が廃止され、外資系企業の税負担も実質一〇パーセント程度アップしています。

「安いですよ」と客を呼び込んでおきながら店内で法外な金額を請求する「ボッタクリ」みたいなものです。現実に、「撤退してよくよく考えてみたら、国内で生産したほうが安上がりだった」ということになっているのです。

すでに外資系企業の撤退は加速しています。輸出総額の半分を稼いでいる外資系企業が撤退したら、中国の経済構造は根本から崩れていくでしょう。

09 「中国依存」は共産党の印象操作に過ぎない

国益のためなら何でもやる中国の戦略

どんなにデータを示しても、マスコミの「中国がなければ日本経済はダメだ」という論調は一向になくならないままです。根拠があるから主張するのではなく、主張のために根拠を無理やりひねり出しているようにしか見えません。

マスコミはなぜ、そこまでして「中国依存」を主張したがるのでしょうか。

これは、はっきり言えば中国共産党の印象操作です。中国に依存していると日本国民に信じさせ、「日中友好は欠かせない」という空気を蔓延《まんえん》させることで、自国に有利な外交を進めようという戦略です。

いわば心理的な侵略であり、これは独裁国家・中国の最も得意とするところです。孫子の兵法を生んだ国ですから、「戦わずして勝つ」ために、ありとあらゆる謀略を企てるのが中国という国なのです。

トンデモな陰謀論などではありません。あまり知られていないことですが、一九六四年に「日中記者交換協定」というものが両国の間で交わされています。協定によって日本側は、以下の三つの厳守を約束させられました。

一、日本政府は中国を敵視してはならない。

二、米国に追随して「二つの中国」をつくる陰謀を弄《ろう》しない。

三、中日両国関係が正常化の方向に発展するのを妨《さまた》げない。

要するに「中国の悪口を書いてはいけない」という取り決めであり、記者を交換することによってチェックし、「親中国的」な記事づくりを意図的に行ってきたわけです。

歴史問題でも経済でも中国の片棒を担ぐ日本のマスコミ

協定は日中国交正常化の際に一旦、破棄され、新たに覚書が交わされました。現在、この取り決めがどこまで有効なのか、はなはだ疑問ではあるものの、中国におもねるマスコミの体質は染みついて離れないようです。少なくとも「日中友好のため」というなら、中国側も日本の悪口を控えてもらいたいところですが、そんなつもりは微塵《みじん》もないのですから、協定などまったく

■1964年の「日中記者交換協定」で日本のマスコミが厳守を約束させられた3項目

1 日本政府は中国を敵視してはならない

2 米国に追随して「二つの中国」をつくる陰謀を弄しない

3 中日両国関係が正常化の方向に発展するのを妨げない

↓

- 中国の悪口を書いてはいけない
- 親中国的な記事づくりをする

無意味です。

南京大虐殺を始めとする虚偽の歴史問題が取り沙汰され続けるのも、日本のマスコミを利用した長年の「心理的侵略」で、日本の世論を「日本悪者説」に染めてきた成果と言えるでしょう。

同じように、経済についても中国側に有利な世論を作り上げようとしているわけです。

歴史については、昨今のインターネットの普及で、中国の片棒を担ぐマスコミの偏向した報道姿勢に気づく人が徐々に増えているようですが、経済に関しても同じだ、と考える人はまだまだ少ないようです。

経済は明確にデータで示すことができるものですから、しっかりデータを相対的に見ていけば、イメージに惑わされることもなくなるはずです。もちろん、本書の目的もそこにあります。

まずは中国の戦略に惑わされない、マスコミ報道を鵜《う》呑《の》みにしない、ということを心がけてください。

10 日本は内需拡大で十分やっていける

投資すべきものは国内にたくさんある

最近まで、「中国一三億の巨大市場」を強調し、「日本も内需拡大が見込めない以上、中国への進出は最重要。他国に後れを取ってはならない」という基本認識が日本のメディアの論調を形作ってきました。

領土問題が深刻化した後も、反日暴動などのチャイナリスクへの懸念こそ語られるようになりましたが、「中国市場を失うわけにいかない日本にとって関係悪化は死活問題」というスタンスで、同様の主張が繰り返されています。

しかし、「中国一三億の巨大市場」など幻想に過ぎないことはすでに見た通りです。

「ならば日本はどこに需要を開拓しろというのか」

いまだに「グローバル競争に打ち勝つ」ことに日本の将来がかかっていると信じて疑わない人々は、そのように反論してくるかもしれません。

しかしここでも、前提にしている基本認識に誤解があります。なぜ、「日本は内需拡大できない」などと思い込まなければならないのでしょうか。

日本には、まだまだ投資しなければならないものがたくさんあります。必要な公共投資を十分行うだけでも、かなりの投資額になるはずです。

被災地復興のためのインフラ整備はもちろん、それ以外にもやらなければならないインフラ整備は、日本中に山積しています。

中国市場などなくても日本は成長できる

二〇一二年末、山梨県の笹子トンネルで天井板が落下して死者が出る事故が起きました。原因は天井板を支える吊り金具のアンカー（ボルト）が抜け落ちていたことでした。

この事故によって、各地のトンネルの老朽化が問題視され始めましたが、老朽化の問題は、今に始まったことではありません。

トンネルや橋梁《きょうりょう》の寿命は五〇年と言われており、高度成長期に作られたものが、ここ数年で次々と寿命を迎えるのです。

現在、公共投資削減の影響で老朽化のメンテナンスができず、放置された

■日本にはやり残したインフラ整備が山積している

まま通行止めになっている橋梁は国内に約一二〇基あります。

安倍晋三政権のいわゆる「アベノミクス」は、橋本政権以降、十五年ぶりとなる本格的な公共投資の拡大路線を取っており、東北復興、国土強靭《きょうじん》化、あるいは公共インフラのメンテナンスなどに支出するとしています。政府の公共投資拡大は、建設産業、資材産業など幅広い産業を活性化させるため、デフレ対策には効果的です。

しかしここへ来て、建設業の供給能力が不足するという深刻な事態が起きてしまいました。長引く不況で建設産業が大幅に縮小していたのです。

日本にとってはそれこそ死活問題ですが、これも「日本はもうダメだから海外進出」と言い続けていた弊害のひとつでしょう。

「ダメだから海外へ」ではなく、「海外ばかり向くからダメになる」のです。

中国など見なくても、経済成長のタネは国内にいくらでもあります。

11 最悪のチャイナリスク「中国民事訴訟法二三一条」

まったく知られていない中国の危険性

尖閣諸島を巡る問題が激化し、中国国内では大規模な反日暴動が起こりました。日系企業のスーパーや工場が標的にされ、暴徒たちによって破壊される映像は衝撃的なものでした。

それ以降、「チャイナリスク」の大きさを再認識させられた日系企業の多くは、徐々に中国から撤退し始めています。

しかし、そうした企業をさらなるチャイナリスクが襲います。それが「中国民事訴訟法二三一条」です。まだ日本ではほとんど知られていませんが、これが、まさに中国でしかあり得ない「最悪のチャイナリスク」なのです。

内容を簡単に説明すれば、外国人であっても「法律文書に定めた義務を履《り》行《こう》しない」ことを理由に、中国政府が出国制限することができる、というものです。

たとえば、暴徒に襲われて工場を閉鎖した日系企業の中国人労働者たちが、「閉鎖中の賃金も払え」と法外な要求をしたとします。労働者側が司法機関に訴え出て勝って日系企業が支払いを強制されるはめになり、「もうやってられん」と日本に引き揚げようとしても、この法律が適用されれば「出国制限」されてしまいます。逃げられない。

要するに、中国人からの要求がどんなに非常識なものでも、それが「法律文書」でありさえすれば「カネを払わなきゃ帰さないよ」という手段が可能になるのです。

極端に言えば何でもいいわけです。「あいつが俺を侮辱した。損害賠償だ」と訴えられて勝訴判決が出ても、当然のように適用されます。ほとんど「言いがかり」に近い訴えでもまかり通ってしまうのが中国という国です。

国外に出られなくする人権無視の法律

さらに問題なのは「司法解釈規定」で、適用される対象が曖昧なため、いくらでも拡大解釈される点です。企業の責任者だけでなく、関係者であれば誰でも出国制限される危険があるのです。実際に、労働者との賃金交渉の窓口になっただけの人物が出国できず、「労働者に払う退職金を日本から送金さ

■最悪のチャイナリスク

中国民事訴訟法231条

被執行人が法律文書に定めた義務を履行しない場合、人民法院は出国制限をし、或いは関係部門に通達をして出国制限を協力要請することができる。

↓

司法解釈規定

出国制限される者の具体的範囲としては、被執行人が法人或いはその他の組織であった場合、法定代表人、主要な責任者のみならず、財務担当者等債務の履行に直接責任を負う者も含む。

せろ」と迫られたケースもあります。日本国内ではまったく問題にされていませんが、このような形で訳がわからないまま空港で足止めをくらった日本人が、一〇〇人前後いたと見られています。

もちろん大きな人権問題です。国際人権A規約（経済的、社会的及び文化的権利に関する国際規約）には出国の自由も含まれており、中国はこの規約に批准《ひじゅん》しています。規約を完全に無視した法律が、中国では当たり前のように適用されているのです。

さすがは「ならず者国家」、といったところでしょうか。人権などお構いなし、国ぐるみでヤクザまがいの恐喝をやっているようなものです。そんな危ない国に進出するメリットなど、どこにあるのでしょうか。

チャイナリスクを軽視し「人件費が安く済む」と安易に考えて中国進出した企業が本当に後悔するのは、これからかもしれません。

PART 2

中国の経済成長が矛盾だらけだったこれだけの理由

PART 2 中国の経済成長が矛盾だらけだったこれだけの理由

12

「日本の高度成長に似ている」は本当か

なぜ中国は急成長できたのか

二〇〇〇年以降の急成長でＧＤＰをどんどん増やし続け、日本を抜いて世界第二位の経済大国になったと言われている中国。二〇年にわたるデフレで停滞を続ける日本では、中国の成長をことさらに持ち上げて礼賛《らいさん》し、「それに比べて日本は…」と悲観的な見方ばかりが定着しています。しかし、それは本当なのでしょうか。

本書は、実は報じられているほど中国経済が強大になっているわけではないこと、むしろ実体はボロボロで、まして日本経済が中国に依存しなければいけない理由など存在しないこと、などをわかりやすく解説していくことを趣旨としています。そのためにはまず、これまでの中国の経済成長がどのようなものであったか、についてしっかりと知ってもらうことが必要です。

そもそも、なぜ中国はこんなにも急成長できたのか。経済成長のからくりを知れば、飛ぶ鳥を落とす勢いの中国経済が抱えている歪《ゆが》み、脆弱《ぜいじゃく》さが誰にでもはっきりと理解できるはずだからです。

しかし、中国の経済成長があまりに急激なため、「まるで日本の高度成長期のようだ」という見方が一般的になっています。これは、成長の勢いが似ているから、というだけのイメージで物を言っているに過ぎません。

「似ている」と感じるのは勝手ですが、ならば、どこがどのように似ているのか、せめてＧＤＰの内訳くらいは比較してみなければ、本当に似ているかどうかは判断できないはずです。

日本の高度成長は、着実に国民の暮らしを豊かにしてきた

グラフは、日本の高度成長期の名目ＧＤＰの内訳です。それぞれの項目の意味は順を追って説明していくとして、とりあえず「民間最終消費支出」の項目だけ注目してください。第一次高度成長が始まった時点から、ＧＤＰの六〇パーセントをこの「民間最終消費支出」が占め、その後もほぼ同じ数値で推移しています。

「民間最終消費支出」とは、すなわち私たち国民が消費のために支出した金額です。貯金をしたり、借金を返済し

■日本の高度成長期以降の名目GDP支出項目別シェア

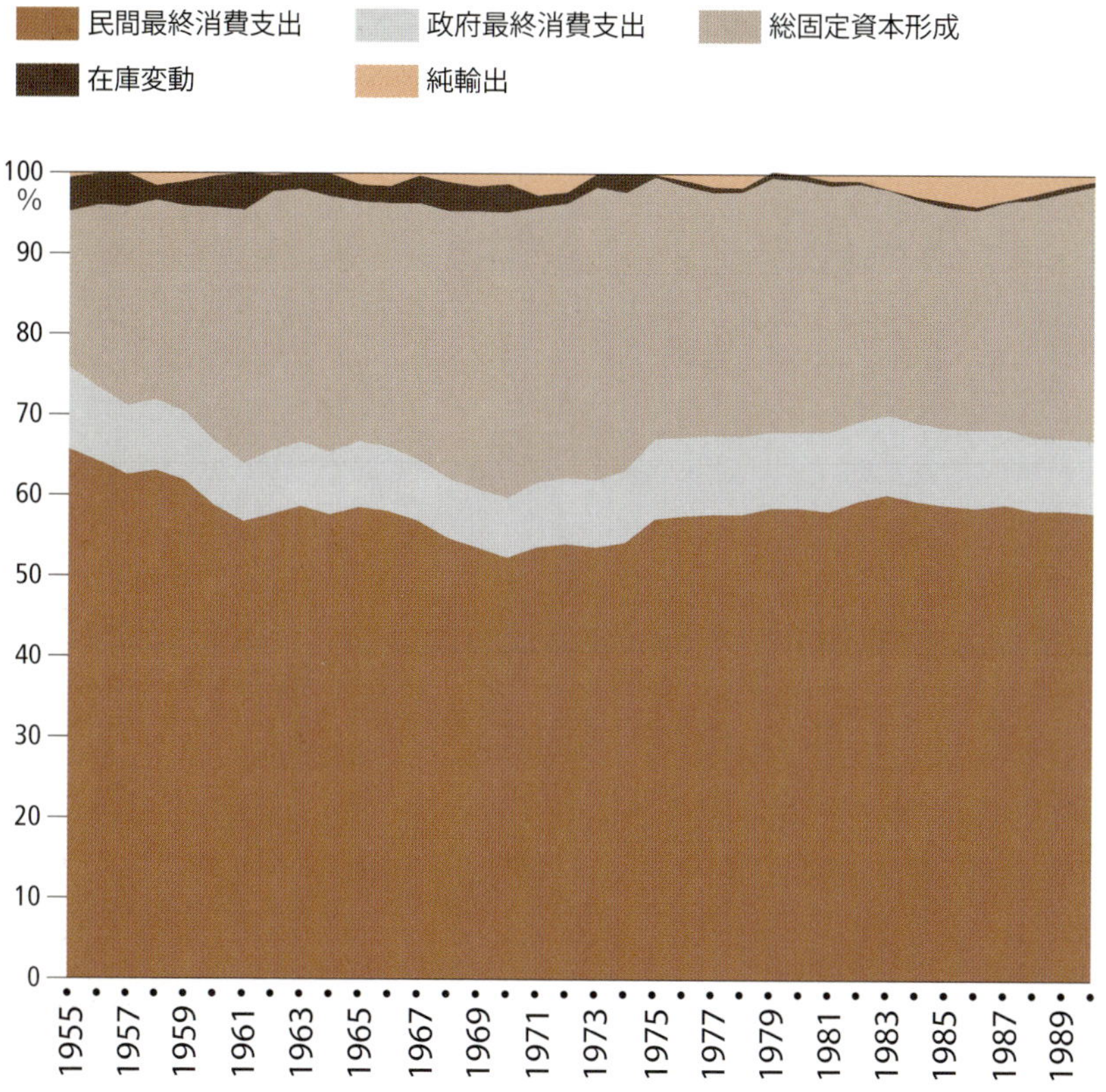

出典：JETRO

たり、という単なる「お金の移動」ではなく、生産された「付加価値」を享受するために払ったお金です。

先進国の多くは、日本とほぼ同じ六○パーセントが個人消費で占められており、アメリカは七○パーセントに達しています。

つまり日本は、高度成長が始まる時点で、すでに「先進国型消費中心」の経済構造になっていたわけです。そして、その後も割合がほぼ一定ということは、経済成長のスピードと同じペースで消費が増え続けてきたということになります。

日本の高度成長は、着実に国民の暮らしを豊かにしてきたわけです。

国民の暮らしを豊かにすることが経済成長の本来の目的ですから、日本は極めて健全な経済成長を遂げてきたと言ってよいでしょう。

はたして中国は、「日本の高度成長に似た」健全な成長だったのでしょうか。次項から見ていきましょう。

PART 2 中国の経済成長が矛盾だらけだったこれだけの理由

13 中国の経済成長は「投資」で支えられてきた

経済成長しながら増えない個人消費

左上のグラフは二〇〇二年以降の中国の名目GDPの推移をわかりやすく表しています。中国のGDPは、一〇年間でおよそ三・五倍に膨れ上がりました。データを見れば、確かに凄《すさ》まじい成長のスピードです。名目GDPは物価上昇分もそのまま反映しているので、実質的には多少落ちますが、その分を考慮してもなお、驚異的です。

そして左下のグラフは、名目GDPの支出項目別のシェアの推移を表しています。前ページに掲載した日本の高度成長期のものとじっくり比較して見てください。

日本では民間最終消費支出が常に六〇パーセント程度でしたが、中国の急成長が始まった二〇〇〇年は四五パーセント程度でした。他の先進国と比較してもかなり低い割合です。経済規模の割に人々の消費支出が少ない、もっと言えば、先進国と呼べるほど「豊かな消費生活を送れていない」ことがわかります。

しかも、もともと少ない個人消費の割合が年々低下しているのが見て取れると思います。急成長をしていながら個人消費の割合が増えないというのは、まず考えられない珍妙な光景です。

左上のグラフで見る通り、民間最終消費支出も金額自体は増え続けているのですが、経済成長のスピードにまったく追いついていないわけです。

逆に言えば、消費の拡大が追い付かないほどの常識はずれな経済成長だった、と見ることもできます。人民の生活が置いてきぼりを食った状態で、なぜこのようにGDPだけが急激な拡大をしてきたのでしょうか。

過剰な投資によって増やしたGDP

GDPとは、国内の生産活動における付加価値の合計、すなわち「国内総生産」です。GDPは「個人消費支出」「政府支出」「総固定資本形成」「在庫変動」「純輸出」で構成されています。

つまり個人の消費と政府の支出、輸出入によって得た利益、企業の設備投資など資本形成のための投資等、すべてを合計したものがGDPです。

中国の場合、グラフを見れば明らか

■中国の名目GDP支出項目別推移

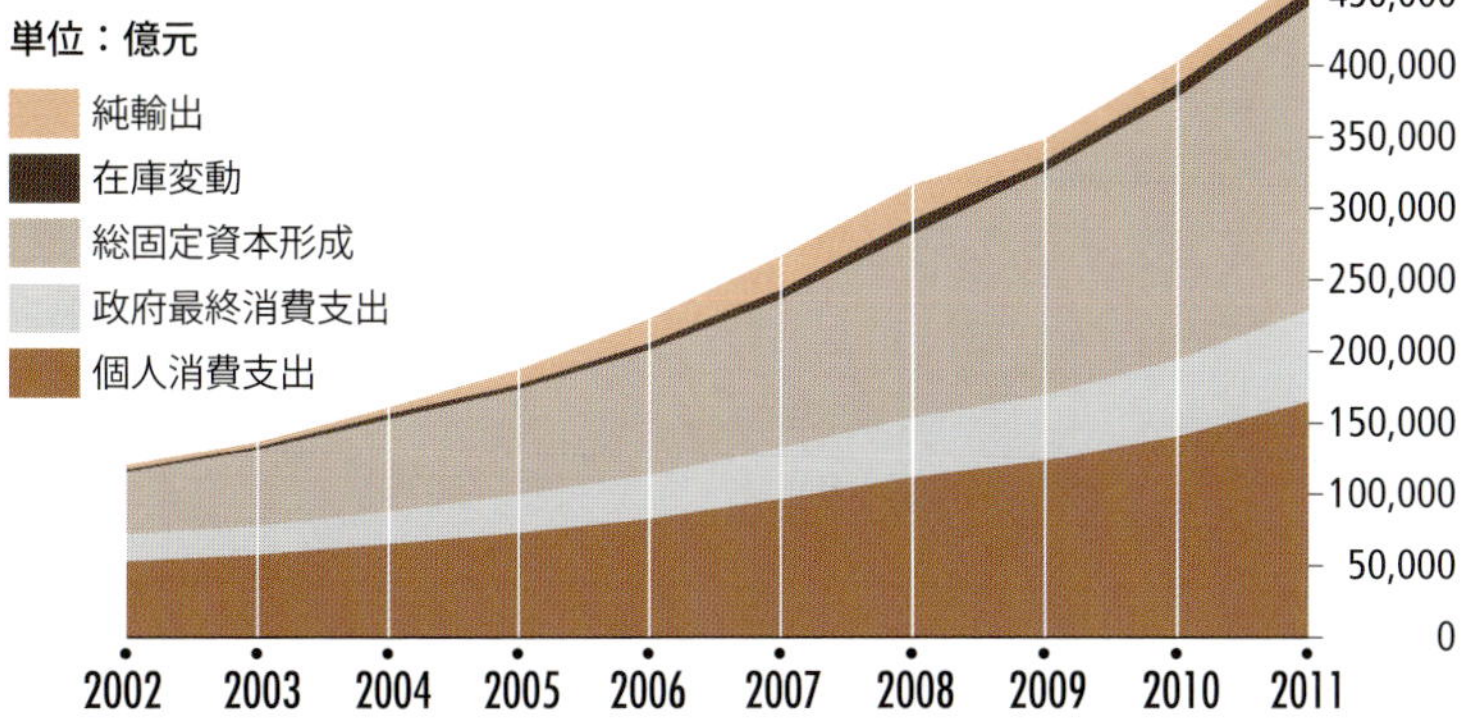

■中国の名目GDP支出項目別シェア

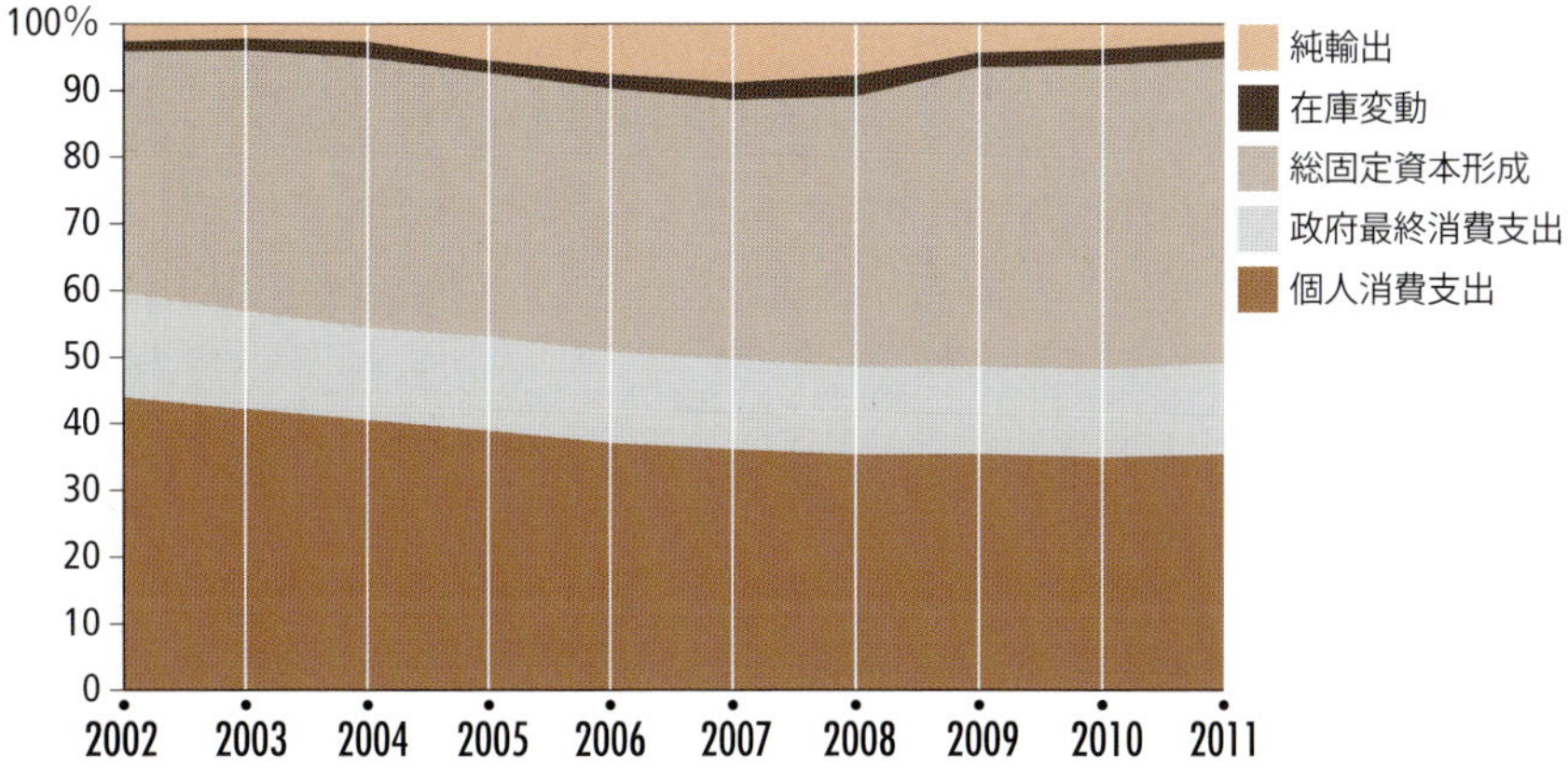

出典：中国国家統計局 "中国統計年鑑"（2012）

なように「総固定資本形成」の拡大が非常に目立っており、しかも年々、GDPに占める割合も増え続けています。「総固定資本形成」とは「民間住宅」「民間企業設備」「公的資本形成」の三項目をひとまとめにしたものです。

要するに「投資」です。中国の投資はこの一〇年間で四倍以上に増えています。二〇〇九年の投資の増大は特に凄まじく、GDP比で五パーセント近く一気に増えました。

中国の経済成長は「投資」によって牽引《けんいん》されてきたと言えます。

企業が設備投資をして生産性を高めたり、公共事業によって社会インフラを整えることで流通が発達したり、将来的にリターンがあるからこその投資です。しかし、個人消費がさほど増えない状況で必要以上に過剰な投資を続け、GDPの数字だけを増やし続けてきたのが中国の「経済成長」の内実なのです。

14 個人消費中心へと転換できない中国経済

とにかくGDPを増やせばよい

経済成長とはGDPの拡大に他なりません。なので、何がなんでも経済成長したければ、とにかくGDPを増やせばよいことになります。前項で見たようにGDPは複数の項目がありますので、個人消費が伸びなくても、その他の項目を無理やりにでも増やせば、数字の上では経済成長できるわけです。

ただ、繰り返し強調しておきますが、経済成長は国民の暮らしを豊かにすることが本来の目的です。肝心の個人消費を置き去りにしたまま、他の項目を増やして異常なまでの経済成長を達成して、だから何だと言うのでしょうか。

それでも中国は、投資に頼ることでしか経済成長を望めない状態でした。

中国政府もその点は十分に理解していたはずで、当初から「投資依存」体質は問題視されていました。

二〇〇八年頃まで投資の中心は民間企業設備でしたが、民間企業が過剰に投資を行った結果、需要に対し供給能力が大き過ぎる「産能過剰」の状態に陥ってしまったのです。

供給能力を増やすとともに市場の需要が拡大して個人消費が増えれば、順調な成長路線に入ることができます。需要が増えなければ、せっかくの投資もリターンが先細りするだけです。

しかし中国は、すでに見た通り、個人消費が思うように伸びていません。

順を追って説明するので、本書を読み終えれば納得できると思いますが、様々な理由から、個人消費が中国経済の中心となることは現実的に不可能です。そして無理な経済成長を進めれば進めるほど、個人消費の拡大を妨げる結果になるという、先の見えない悪循環に入り込んでいます。極端な投資の増大により、経済の構造が決定的に歪んでいったのです。

個人消費中心へ転換するのは困難

ですから本来なら、中国は早期の段階で投資依存から脱却し、個人消費中心の経済成長路線に転じなければなりませんでした。急激な経済成長が始まる前に、せめて個人消費がGDPの五〇パーセントを超える程度には国民経済を発展させておくべきでした。

■「投資依存」の経済成長で、国民の生活は豊かにならない

しかし、二〇〇八年の世界的な景気減速を受けて、中国はさらなる投資拡大に向かいました。

たとえば民間住宅投資の拡大で、二〇〇九年の不動産価格は高騰しました。それ自体は様々な産業に波及効果をもたらし、経済成長に貢献する結果となるのですが、価格高騰は当然、購入者の負担を重くします。住宅ローンに回すお金が増えれば、その分、消費に回せるお金は減っていきます。

住宅ローンの返済は銀行にお金が戻るだけの、GDPにまったく影響しない支払いですので、GDPに占める個人消費の割合はむしろ減ってしまうことになります。

住宅投資とは、いわば「将来のGDPの先取り」の側面があるわけです。それもかなり投機的な投資のやり方でバブルが膨らみ、「先取り」の負担はさらに重くのしかかります。この期に及んでは、個人消費中心の路線に転換するのは至難の業でしょう。

15 急成長と同時に高まった輸出依存度

中国の輸出は一〇年間で六倍に

投資とともに中国経済の急成長を牽《けん》引《いん》してきたのが「輸出」です。二〇〇一年のWTO（世界貿易機関）加盟後、急拡大を続けてきた中国の輸出総額は、二〇〇六年にドイツを上回って世界一位になりました。

リーマン・ショックによる世界的な外需縮小によって二〇〇九年に急ブレーキがかかるまで、凄まじい勢いで増え続け、輸出総額は一〇年間でおよそ六倍に膨れ上がりました。

輸出が輸入を常に上回る純輸出状態で巨額の貿易黒字が続いており、これをもって「やはり中国は凄い、日本も負けじと頑張らねば」などと考えてしまいがちですが、そう単純な話ではありません。

グラフは二〇〇〇年から二〇一一年までの中国の輸出・輸入・純輸出の対GDP比率の推移です。

二〇〇〇年時点で、輸出対GDP比はすでに二〇パーセントという高い水準でしたが、その後、驚異的なペースで比率を増やし続け、ピークとなった二〇〇六年には三五パーセントを超えています。二〇〇九年から二〇一一年にかけては、二六パーセント前後で推移していますが、それでも日本の二倍です。

韓国の常軌を逸した輸出依存度には及ばないものの、中国もかなりの輸出依存国であることがわかります。

日本が輸出依存国ではないことは他国との比較によって確認済みです。

それでも「日本は輸出依存国だ。中国に依存しているのだ」と主張するのであれば、「中国はそれ以上の輸出依存国だ。日本に依存しているのだ」とも主張しなければならなくなります。

急成長は高い輸出依存度によるもの

もともと発展途上国の場合は、国内の生産能力も需要も十分ではないため、成長の端緒《たんしょ》として、ある程度は輸出に頼らざるを得ないのが一般的です。

しかし、最初のうちは輸出に大きく依存していても、健全な経済成長と同時に国民の購買力も高まり、輸出と同時に輸入も増えてくるものです。

国民のベネフィット（便益）は物を

■中国の2000年以降の輸出・輸入・純輸出対GDP比率

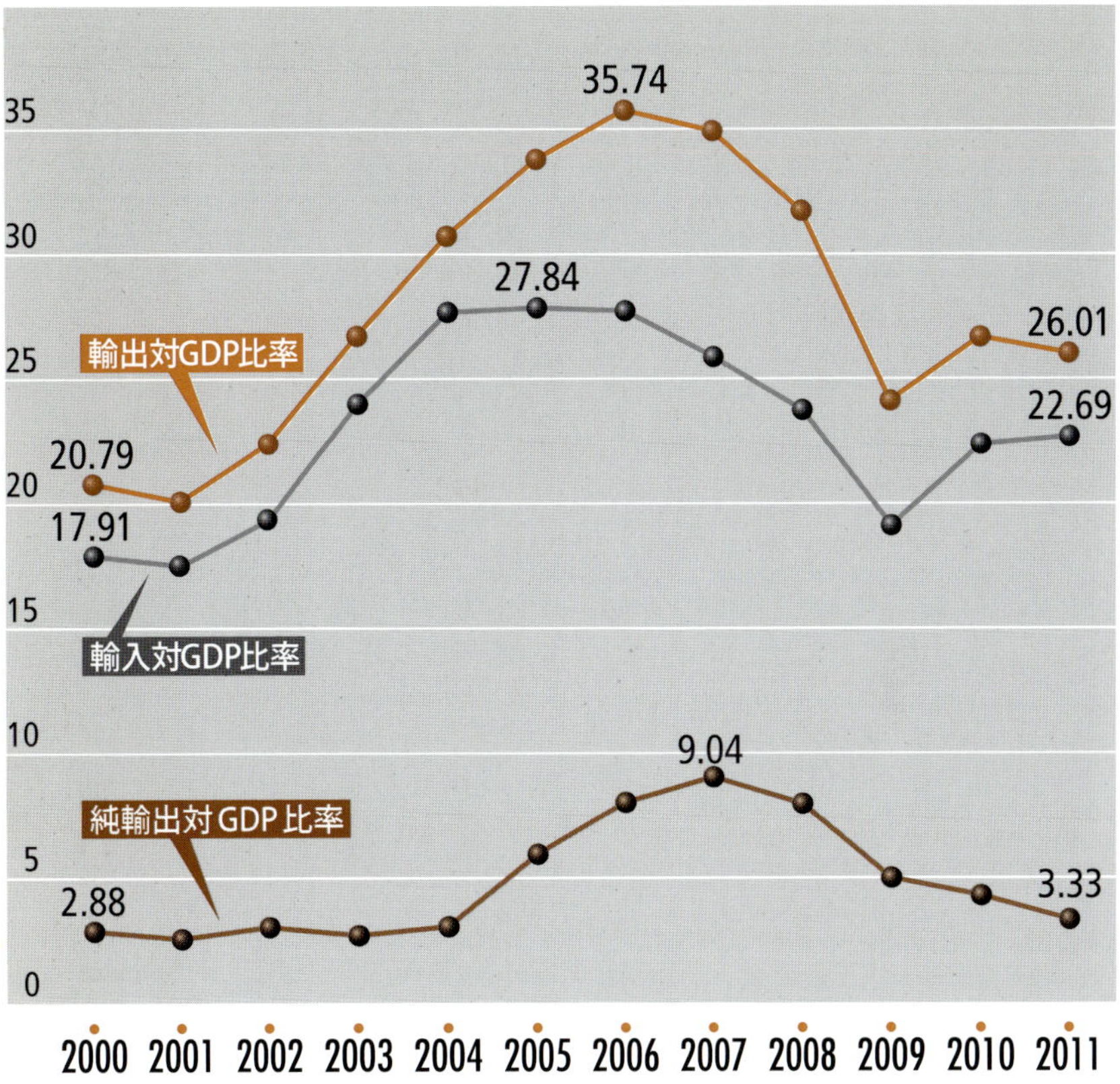

出典：世界銀行

製造したり売ったりすることで高まるのではなく、「物を買ったとき」に高まるものです。物を売ってお金が入っただけでは「豊か」とは言えず、国内外からより多くの物を買うことによって豊かになっていくわけです。

ですから生産力と同時に購買力も増大していくのが当たり前の経済成長であり、貿易収支が黒字であろうが赤字であろうが、直接関係があるわけではありません。アメリカが世界最大の貿易赤字国である事実を見れば、それも理解できると思います。

中国の場合、輸出を急激に増やした結果、その分だけＧＤＰに占める割合が増えたに過ぎません。「儲《もう》かった」というだけであり、そのお金で人々が物やサービスを享受できる状態に進んでいかないのです。

それでも経済成長を目指さなければならない中国は、ＧＤＰを増やすために、翳《かげ》りを見せた輸出業を下支えするしかありません。

16 中国を支えてきたのはアメリカの貿易赤字

中国が輸出を拡大できた最大の理由

投資を中心に経済成長を進め供給過剰に陥《おちい》った中国は、国内企業の製品の市場を海外に求め、貿易黒字の拡大による経済成長路線を目指しました。

その結果、前項で見たように輸出が驚愕《きょうがく》の伸びを見せたわけですが、なぜここまで急激な輸出増が達成できたのでしょうか。

貿易は相手国があってのことですから、いつも自国の都合で好きなだけ輸出できるわけではありません。

もちろん「中国製品は安いから」だけで説明できるはずもないですし、易々《やすやす》と輸入を引き受けて中国経済に貢献してくれる国があるなど、普通は考えられません。あるとしても、政治的圧力によって買わされる小国か、お人好しの日本くらいでしょう。

ところが、中国にとっては実に運良く、中国製品を輸入して中国の経済成長に貢献してくれる大国があったのです。もちろん、アメリカです。

サブプライムローン問題に端を発するバブル崩壊まで、アメリカは借金を膨らませながら消費をどんどん拡大させていく狂乱の真っ只中にありました。

アメリカの経常収支赤字の推移を見れば一目瞭然です。二〇世紀末までは一〇〇〇億ドル前後で推移していたものが、ITバブルの頃から急に増加が始まり、毎年一〇〇〇億ドル規模で増え続けてきました。尋常な増え方ではありません。

中国の輸出・輸入額の推移のグラフと比較してみれば、さらに良く理解できるでしょう。

中国の輸出が「驚異的に増加」できたのは、アメリカの経常収支赤字の「驚異的な増加」があったからに他なりません。中国経済は、途轍《とてつ》もないアメリカ依存だったのです。

尋常ではない中国のアメリカ依存

ピークに達した二〇〇六年のデータでは、中国の全輸出額の二一パーセント、貿易黒字の実に八一パーセントをアメリカが占めています。

たった一国で黒字の八割など、普通ではありません。これが「依存」でなければ何だというのでしょうか。

中国の輸出・輸入額の推移

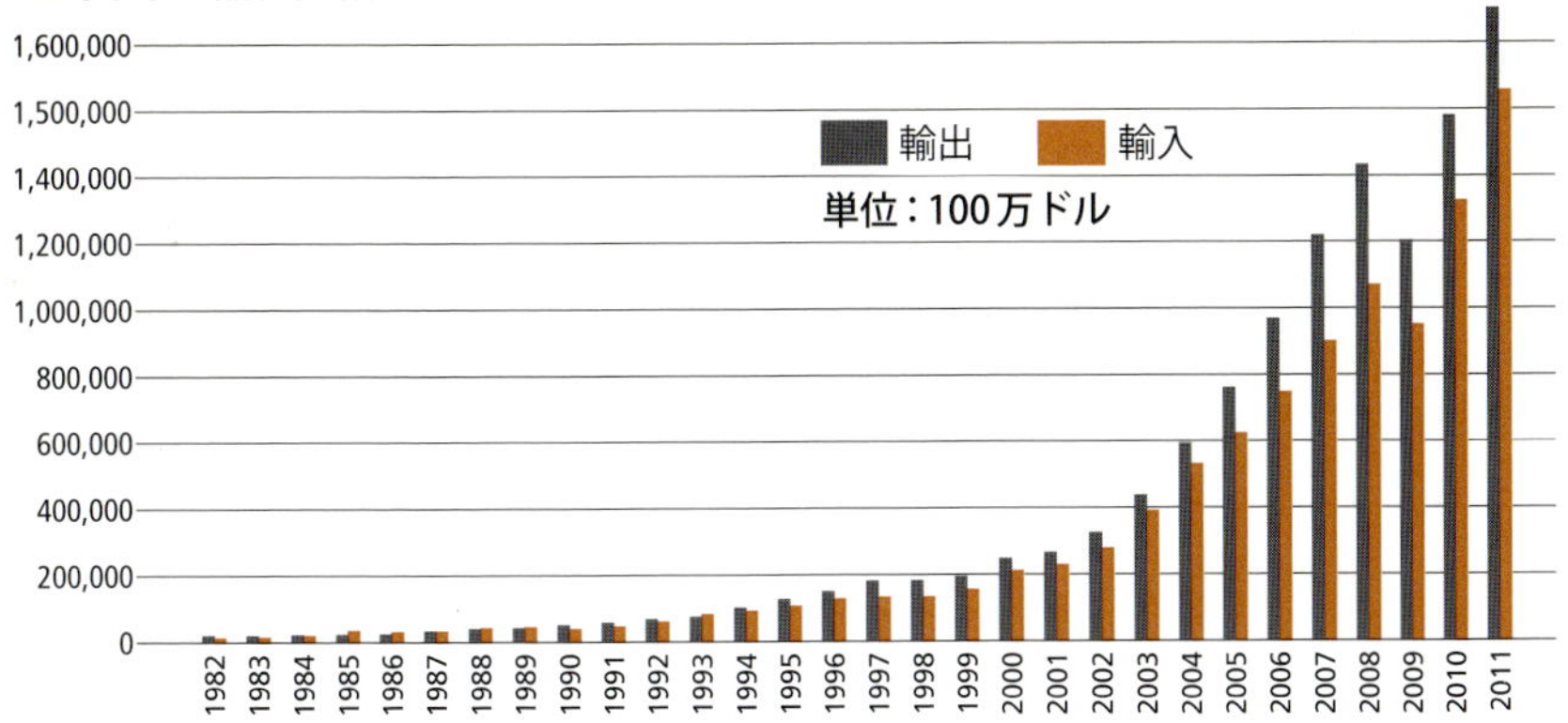

出典：世界銀行

アメリカの経常収支の推移

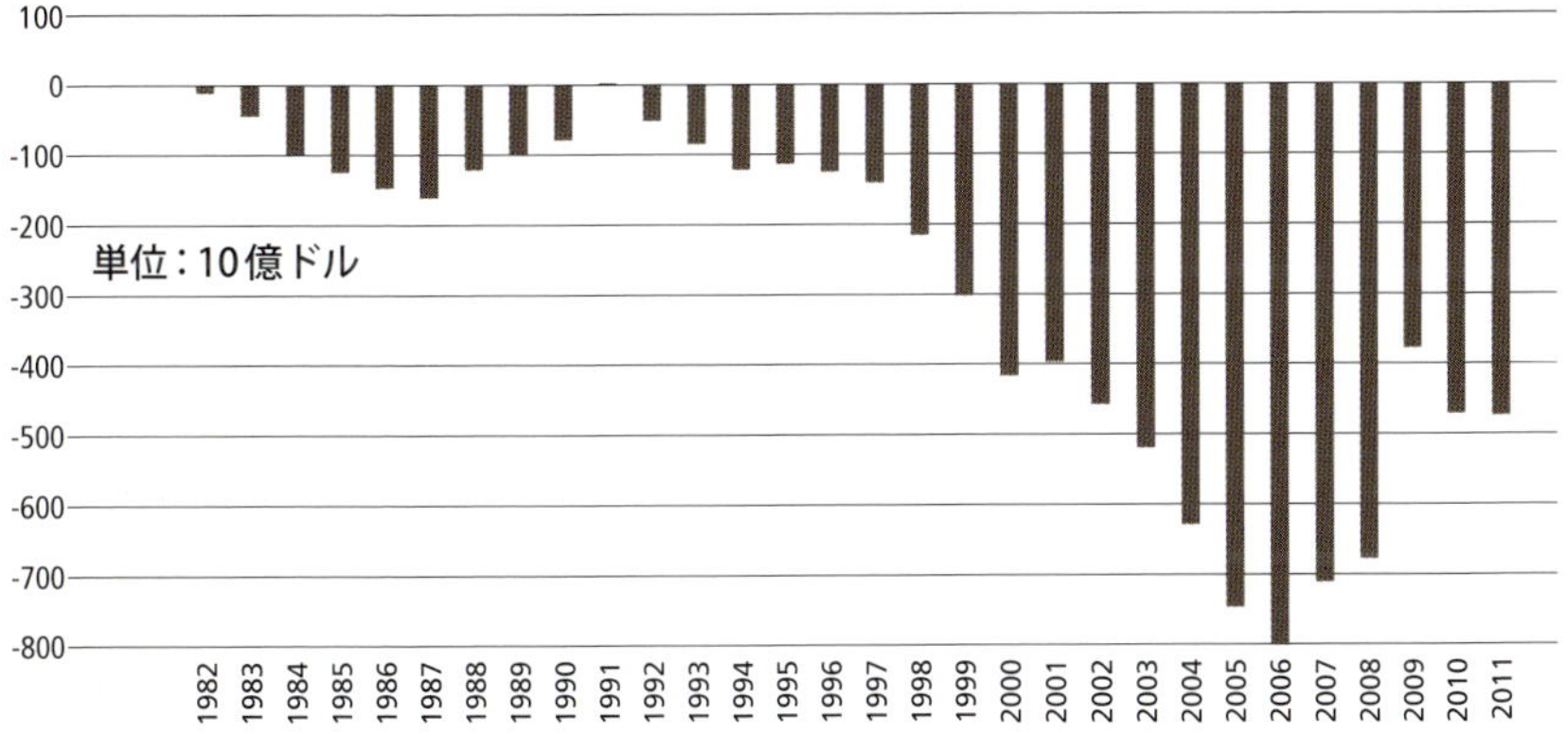

出典：IMF

日本の「外需依存」「中国依存」など騒ぐのも馬鹿らしいレベルだということを、この数字だけで納得していただけるかと思います。

まるで大手企業に切られたら「お終い」の下請けのような危うさですが、実際に、アメリカで不動産バブルが崩壊し、アメリカの消費が急激に萎《しぼ》んでいくと同時に、破竹の如き勢いだった中国の輸出も激減しました。唯一にして最大のお得意様が買ってくれなくなった途端に、「商売」が成り立たなくなってきたわけです。

アメリカだけでなく、世界的な不況で世界中が需要を縮小させ、中国の輸出業は先行きが見えなくなってしまいます。そして前述の通り、投資も「産能過剰」によって行き詰まりました。

中国の経済成長を支えてきた「投資」と「輸出」の両方が、まったく持続性のないものに過ぎなかったわけで、その後、中国は大胆な経済政策に乗り出すことになります。

17 中国経済の歪みを決定的にした大規模経済政策

投資と輸出を支える強引な三つの経済政策

ここまで見てきた通り、中国の経済成長は「投資」と「輸出」の両輪によって成し遂げられたものと言えます。そして、世界的なバブル崩壊を機に低迷を始めた投資と輸出を支えるために、中国共産党は三つの大胆な経済政策を断行しました。

「人民元の対ドル固定相場制（ドルペッグ）」「大規模財政出動」「銀行への新規融資拡大指示」の三つです。

詳しくはそれぞれ順を追って説明していきますが、これらの政策によって「投資と輸出頼み」の成長路線は、さらに鮮明になっていきます。

裏を返せば、さらに「人民が豊かになれない」経済成長を進めたことにもなります。

人民元のドルペッグはもちろん、国内輸出企業への支援策です。通貨安であれば輸出にとって有利に働きますので、為替を固定することで人民元の高騰を防ぎ、純輸出を下支えすることができます。

中国の輸出製品の最大の魅力は「安さ」です。最大というより「それしかない」と言ったほうが正しいかもしれません。そして、その安さを維持するということは、中国人民の賃金も安いままに抑えられることになります。

さらに、輸出が好調なら通貨高へ向かい、輸入しやすくなって消費も活発になるはずですが、それも叶いません。

要するに「輸出で貿易黒字を出すために、今まで通り安い賃金で働け」と中国政府が言っているようなものでしょう。

過剰な「投機」が不動産バブルを生んだ

公共投資を中心とした政府の財政出動は、ＧＤＰの「政府最終消費支出」「公的固定資本形成」などの項目を直接拡大することになります。

三つ目の「銀行への新規融資拡大指示」は、共産党独裁国家ならではの過激な政策です。ドルペッグも相当な「禁じ手」ではありますが、民主主義国家ではまず不可能な政策でしょう。

デフレ下の日本は、需要が冷え込んで企業が設備投資に向かわず、銀行がお金を貸したくても借りる相手がいな

■投資と輸出を支えるための強引な三つの経済政策

1 人民元の対ドル固定相場制

→ 国内輸出企業への支援策で
人民元の高騰を防ぐ

2 大規模財政出動

→ GDPの拡大

3 銀行への新規融資拡大指示

→ 株式や不動産にお金が流れて
前代未聞の不動産バブル

い状態でした。お金が循環しないことがデフレ最大の問題なのですが、銀行に「カネを貸し出せ！」と強引に命令できるのであれば、これほど簡単な話はありません。

とはいえ、中国の企業からすれば、いくら銀行からお金を借りても、実需が伸びないのであれば、積極的に設備投資をするわけにはいきません。必然的に、株式や不動産にお金が流れていくことになります。投資というより「投機」です。

二〇〇九年、銀行から企業に貸し出された新規融資一三〇兆円のうち、約半分が投機になだれ込みました。

その末に発生したのが、前代未聞の不動産バブルです。

膨《ふく》らみ過ぎたバブルは、崩壊したときの痛手も当然大きくなります。

とりあえず経済成長の維持には成功した三大政策ですが、「豊かさ」を実現する本来の成長への転換は、決定的に不可能となったようです。

18 身勝手な為替操作で他国の需要を奪い取った中国

人民元は、「甘やかされた通貨」

中国共産党は三大政策の一つとして二〇〇八年七月、人民元をそれまでの管理フロート制から対ドル固定相場制に戻しました。前述の通り、通貨安を維持することで輸出業を下支えし、世界的な金融危機の煽《あお》りを最小限に抑えるためです。

それ以前にも、中国の為替操作は常に行われていました。管理フロート制とは、中央銀行が為替レートの変動幅を固定し、その範囲内で自由な為替取引を認める制度です。そのため人民元はジリジリと上昇を続けていましたが、中国の驚異的な輸出増のスピードと比較すれば、上昇のペースはあまりにも緩やかです。

図は人民元の対ドル為替レートの推移を見たグラフです。〇八年から一〇年まで事実上のドルペッグになっており、人民元がどれほど「甘やかされた通貨」であるか、理解できると思います。

中国は二〇〇九年にアメリカ、ドイツを抜いて世界一位となった輸出大国です。世界最大の経常収支黒字を生み出している国が恣意的《しいてき》に通貨安を維持するのは、あまりに身勝手でアンフェアではないでしょうか。

輸出とは、相手国の需要や雇用を奪い取る行為に他なりません。

本来なら、互いに優れたものを輸出し合うのが理想です。いわば「海の幸」と「山の幸」を交換し合うのが自由貿易の基本コンセプトですが、世界的に需要が減っている現状では、奪い合いにならざるを得ず、近隣窮乏化へと至ることになります。

現実的にそのような情勢下で中国は、自国の経済成長率を高めるためだけに、「禁じ手」を使ってまで他国の需要を奪い続けているわけです。

不当な為替操作で高まる貿易摩擦

当然ながら中国への風当たりは強まり、特に最大の貿易赤字国であるアメリカの圧力が強まっていきます。

「中国が失業を輸出している」あるいは「デフレを輸出している」といった露骨な非難も飛び交い、二〇一〇年六月、ようやく中国は対ドル固定相場制を放棄しました。

■人民元の対ドル為替レートの推移

単位：1ドル＝元

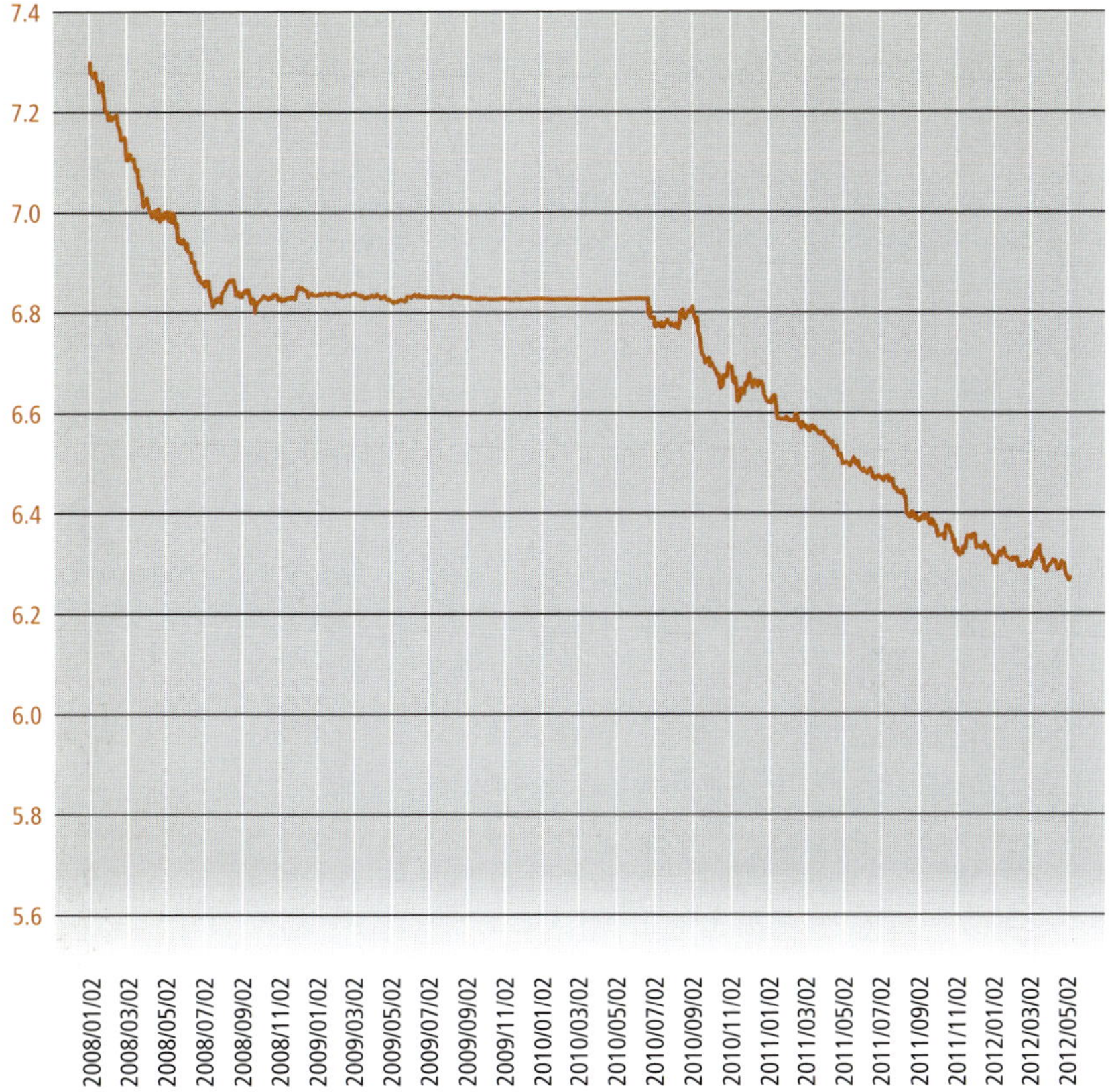

出典：通商白書2012

人民元はふたたび上昇を始めましたが、グラフを見ての通り、以前と同様に「ジリジリ」という程度の上がり方でしかありません。

中国の為替操作に対する制裁の動きは年々激しくなり、中国も「人民元を上昇させる圧力は貿易ルール違反」と厚顔無恥な態度で応戦しています。

貿易黒字を実現すれば通貨高になり、通貨高になれば海外から物を買いやすくなって消費が拡大し、赤字になって通貨安へ向かえばまた輸出が好調になり、という具合に、貿易黒字と消費拡大をバランスよく交互に実現していくのが自然な成長です。

中国はその理想的な成長を自ら放棄し、しかも他国との摩擦をも顧みず、ひたすら黒字拡大を続けているのです。

そのようなエゴイスティックなやり方が長続きするはずなどありません。それでも強引に推し進めるしかないのが中国であり、中国が抱える最大のジレンマということになるでしょう。

19 「世界一の外貨準備高」を自慢するのは無意味

外貨準備の増加は為替介入によるもの

無条件に中国経済を礼賛《らいさん》したがる人々がよく持ち出してくるものに「外貨準備高」があります。

中国の外貨準備高は世界一です。

「世界でいちばん外貨を持っているのか。やっぱりすごい金持ちなんだな」

イメージだけでそのように感じてしまいがちですが、これは明らかな勘違《かんちが》いです。外貨準備高の意味を理解していないのか、それとも意図的に勘違いさせようとしているのか、特にマスコミで誤った認識が浸透しているのは本当に困ったものです。

外貨準備高とは「自国通貨の為替レートの急変動を防ぎ、貿易などの国際取引を円滑にする」ために当局が保有するものです。

自国通貨が暴落の危機に面した際、外貨を保有していれば、暴落を防ぐために自国通貨を買い支えることができます。つまり、大規模な為替暴落に備えた保険のようなもの。そして、それ以外に使い道がないものです。

では、どうやって外貨準備高が増えていくのかと言えば、その逆で、自国通貨を売った場合です。自国通貨が高騰するのを抑えるために為替介入をすると、売ったことによって手元に外貨が残るわけです。

貿易黒字であれば、輸出入の決済が常に「外貨が余り、自国通貨が足りない」状況に陥ることになりますので、為替レートは「外貨が安く（余っているため）、自国通貨が切り上がる（足りない）」ために通貨高へ向かいます。

輸出を支えるために通貨安を維持したい中国は、この為替介入を延々と繰り返してきました。

固定相場制においては、貿易黒字の分だけ為替介入をすることになりますから、貿易黒字額と等しい巨額の外貨準備が積み上がっていくことになります。

要するに中国の外貨準備高が巨大なのは、アンフェアな為替介入の結果でしかありません。

本当の「金持ち国家」はやっぱり日本

通貨安で貿易黒字を達成し、通貨高で輸入による生活向上を達成し、それ

■2011年末時点　日中両国の対外純資産・外貨準備高

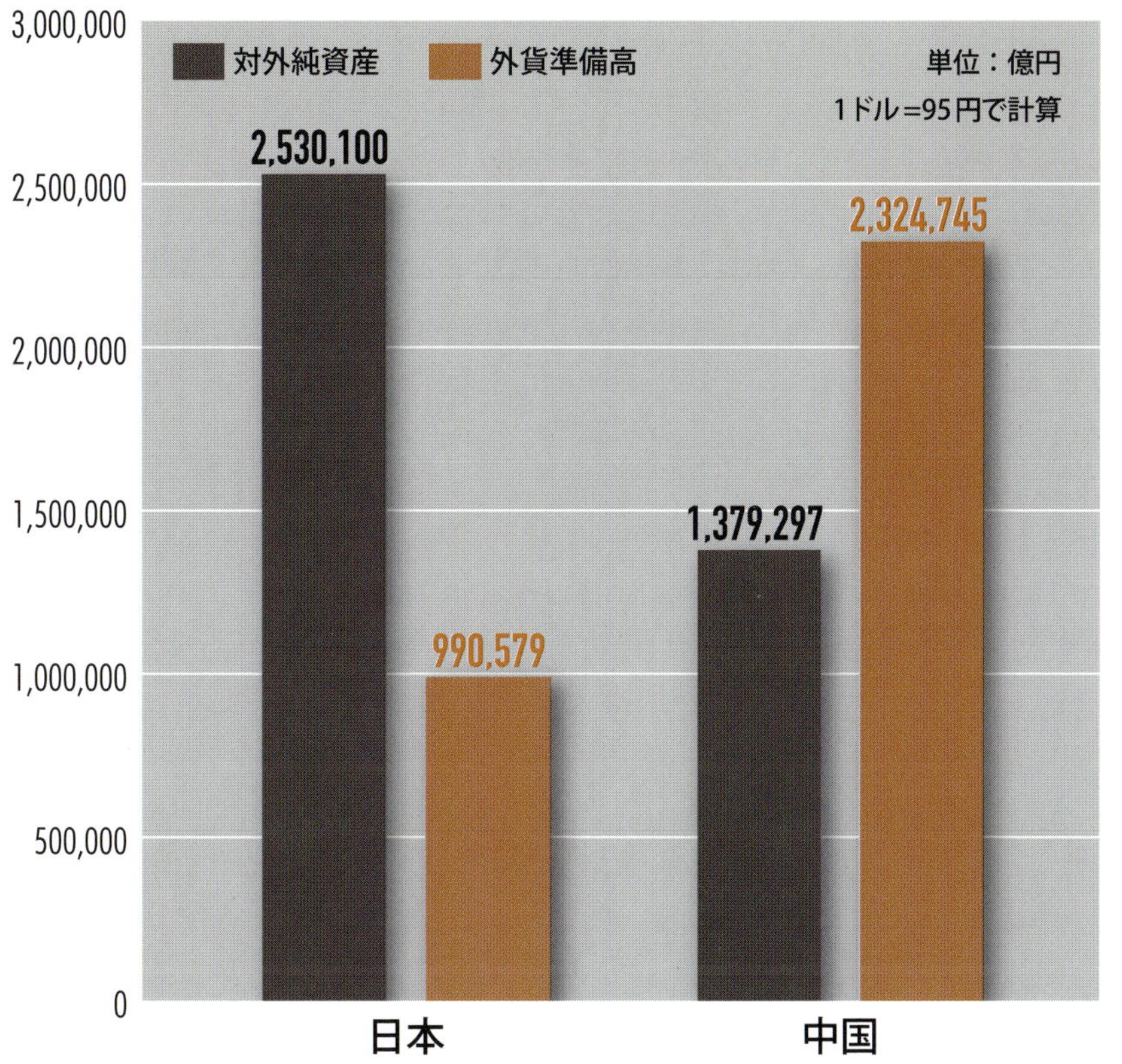

出典：IMF

を繰り返すことで健全に経済成長していれば、外貨準備が不必要に積み上がることはないはずです。先進国の大半は相対的に外貨準備高が小さく、日本も中国よりはるかに少ないものです。

巨額の外貨準備高は、貿易黒字ばかりを優先させる偏《かたよ》った「外需依存」の経済構造の証であり、自慢するどころか、むしろ恥ずべきことでしょう。

そもそも為替介入した政府の保有資産でしかないのですから、国全体の豊かさとは関係がないのです。そして保有している外貨を使用するときは、すなわち経済崩壊のときです。

国の「金持ち度」を計るなら、海外に対して持っている資産の「対外純資産」を見なければならないはずです。

グラフで日本と比較して見れば、どちらが本当の「金持ち」なのかは言わずもがなです。

対外資産の一部に過ぎない政府保有の外貨準備が世界一になったところで、まったく意味はありません。

20 自国資本のみで輸出業を維持できない中国

輸出の担い手は半分が外資系企業

世界最大の貿易黒字国である中国とアメリカの輸出入を巡る争いは、かつて日本が経験した貿易摩擦とよく似ています。

一九七〇年代以降、日本車がアメリカで売れまくり、アメリカの自動車産業が著しく劣勢に立たされたことがあります。そして家電や半導体、繊維など、様々な日本製品がアメリカに輸出され、日米間での貿易摩擦が問題化してきました。

失業率が高まったアメリカ国内では、日本車や日本の家電製品を破壊するパフォーマンスが各地で行われるなど、激しいジャパン・バッシングも起きています。

そこで日本の自動車産業は、現地生産に乗り出しました。アメリカへの投資を拡大し、工場を建ててアメリカ人の雇用を創出することで、日米間の貿易摩擦問題を回避したのです。

中国も輸出を増やし続けて他国の雇用を奪っているわけですから、摩擦を回避するには、生産拠点を海外に移し、直接投資すればよいはずです。

ところが中国は、日本と同じ対応策を取ることができません。なぜならば、世界に売りさばいている中国製品の大半は、自分たちの力で作り出しているものではないからです。

信じがたいことに、中国の輸出額に占める外資系の割合は、二〇〇一年以降、五〇パーセントを超えています。

中国の輸出を担っているのは、半分以上が外資系企業なのです。

日本の場合は、国内で成長した「自分たちの付加価値創造能力」も持っているからこそ、どこに工場を移しても製品を作ることができるわけですが、中国はそもそも自分たちの能力ではないため、外に持っていきようがありません。

つまり、中国は投資を「行う」国ではなく「受け入れる国」でしかないのです。

安くなければ中国製品ではない

誰もが知っている通り、中国製品の魅力は「安さ」です。中国内で安い人件費、安い人民元に基づいて作るから

■中国の輸出額に占める外資系企業の割合の推移

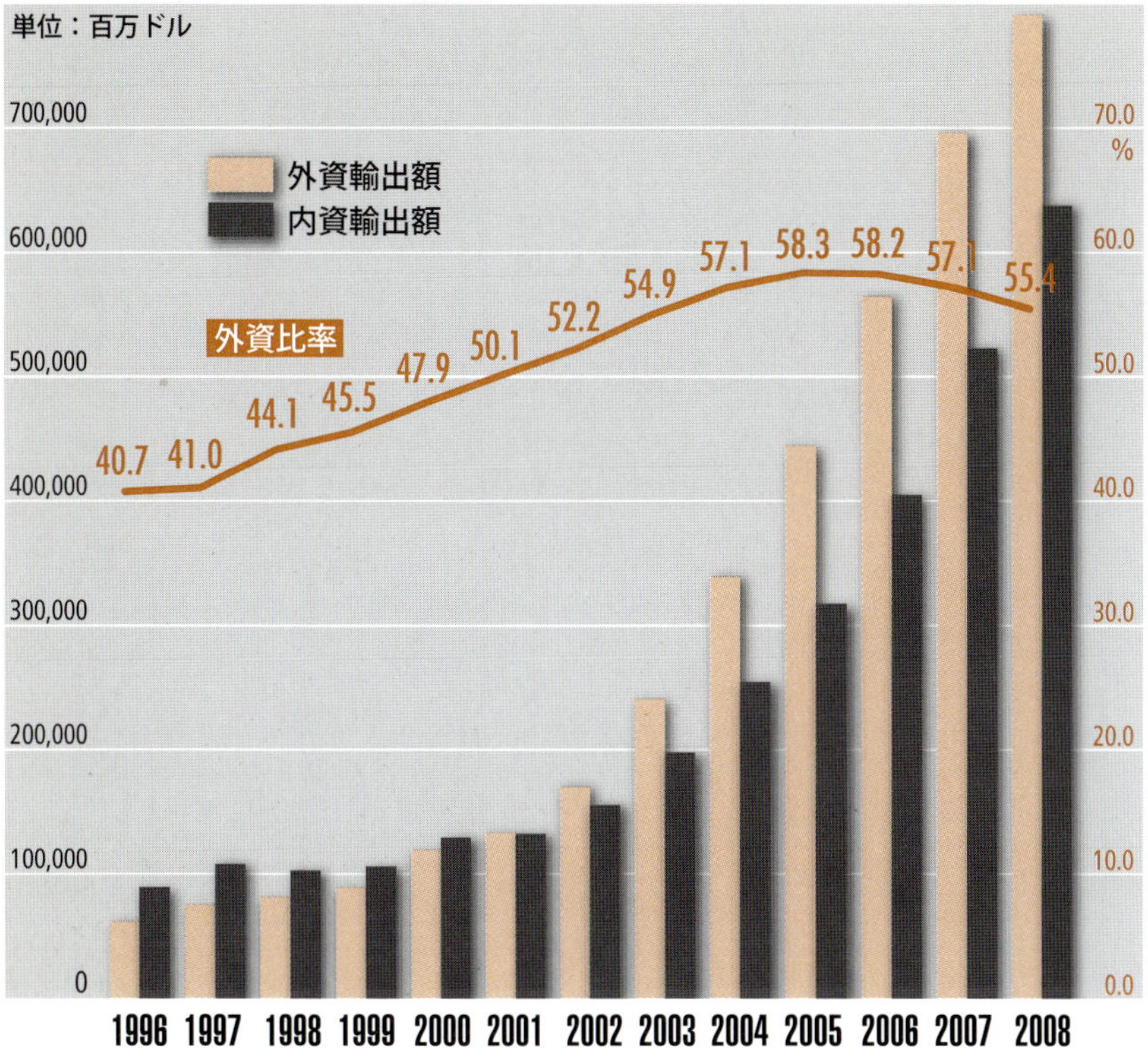

出典：中国海関統計

こそ競争力を持つことができているに過ぎません。

日本の製品は日本独自の技術力、ブランド力があるからこそ、どこで作っても変わらず日本製品なわけですが、中国製品は「中国国内で安く作ったもの」でなければ中国製品である意味がないのです。

そして「中国国内で安く作ったもの」でさえあれば、どこの国の力を借りても構わないということです。

もし仮に中国企業がアメリカに工場を建てて現地生産しても、国際競争力のある製品など絶対に作れません。安くないものは、すでに中国製品とは呼べないでしょうし、安くなければ誰も中国製品を買いません。

「安さ」に寄りかかって輸出を伸ばしてきただけで、しかも半分は外資頼みで、価格以外の付加価値を自分たちで生み出せない。その程度の国が高い経済成長率を維持しようとしていること自体、無理があるのです。

21 独裁国家でしかあり得ない公共投資

中国の公共投資は一〇年で三〇倍に

中国政府が行った経済成長維持のための三大政策のうち「大規模財政出動」と「銀行への新規融資拡大の指示」は、それまで成長を牽引してきた「投資」をさらに拡大していくための政策でした。

「投資」をする主体は政府と民間の二つに分かれますが、その両方を同時に増やしていくことでGDPを増やしていくという狙いです。

民間の場合、銀行がお金を貸し出しただけでは、単なるお金の移動に過ぎず、GDPは増えません。企業が設備投資に回すなどして借りたお金を使うことで、初めてGDPが増えることになります。

その一方で政府の財政出動は直接GDPに反映してきますので、景気対策としては実に真っ当な政策です。

共産党政府の統計を見ると、特に地方政府の財政がとんでもないことになっていることが分かります。特に、リーマンショック以降に地方政府が財政赤字を膨らませ、国内で大々的な公共投資を実施、経済の下支えを行ってきました。この時期の中国地方政府は、中央政府の命に従い、毎年一兆元のペースで財政支出を拡大していきました。結果的に、中国はリーマンショック後の危機を何とか回避することができました。

実際は公共投資がまったく増えていないにもかかわらず「多過ぎる！　無駄遣いはやめろ！　財政破綻だ！」と批判の声が上がり続ける日本の事情を思えば、痛快とすら感じる大胆な財政出動です。

民主主義国家では不可能な「離れ業」

民主主義国家では、野党やマスコミ、世論の存在があるため、そう簡単にはいきません。そうしたチェック機能があるために政府の暴走を抑えることができるわけですが、反面、それが足枷《あしかせ》となって大胆な政策を行いにくいというデメリットもあるのです。

一党独裁の中国だからこそできた政策であり、結果的に経済成長の下支えには一定の成果を上げていると思われます。

■中国の地方政府財政の推移

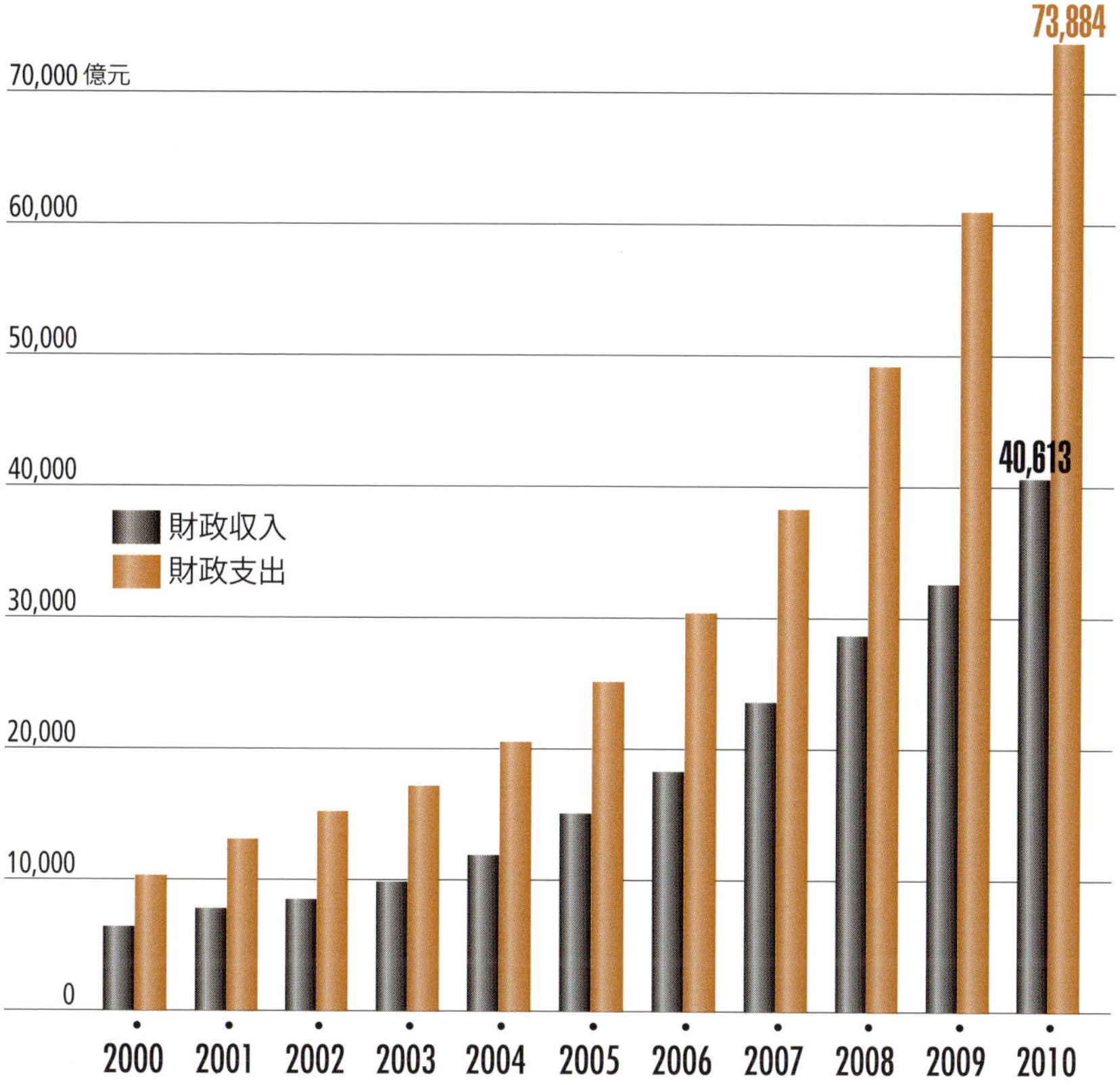

資料：中国国家統計局「中国統計年鑑」から作成。

本当の問題は何にお金を使うか、なのですが、たとえ「景気対策の景気対策」であっても、経済政策としては間違っているわけではありません。

世界的な外需の縮小、グローバル・インバランスの解消で輸出の増加は見込めず、不動産バブルは風前の灯。

中国の成長要因であったはずのものが次々と消えつつある中で、中国における公共投資の重要性はさらに高まっていくはずです。

というより、それ以外に真っ当な成長要因が見当たりません。

公共投資は経済成長の起爆剤として極めて有効ですが、公共投資頼みでしか経済成長できないという状況は、歓迎すべきものではないでしょう。

中国はまさしく骨の髄まで共産独裁国家であり、独裁国家ならではの「離れ業」でしか成長を牽引できない、という点に、現在の中国が抱えている難題が象徴されているのではないかと思います。

22 世界中で非難される中国の新植民地主義

資源確保のためのアフリカ進出

中国企業も海外進出していないわけではありませんが、こちらもまた別の形で摩擦を引き起こしています。

一三億の人口を抱える中国は資源確保が重要な問題であるため、スーダン、アンゴラなどアフリカ諸国の資源を求めて盛んに進出しています。

しかし、豊富な中国マネーを武器にしてアフリカ諸国の腐敗政府と癒着し、現地の国民たちを無視した非道なやり方で顰蹙《ひんしゅく》を買っています。

たとえばスーダンでは、中国国営石油公司が現地拠点を設立して石油を輸入し、スーダン政府は中国から得た代金で武器を購入しています。死者二〇万人とも四〇万人とも言われているダルフールの虐殺は、中国の支援によって起きたものです。

アンゴラにも石油輸出と引き換えに数十億ドル規模の巨額融資をしていますが、政府の汚職をそそのかしているだけで、一般のアンゴラ国民はいまだ世界最悪水準の貧困から抜け出せないままです。

中国人労働者を大量に送り込んで働かせるために、現地の雇用は生まれず、供給過剰となった自国の製品を強引に輸出して買わせるだけです。

中国の資本によって雇用が生まれ、少しでも国民が豊かになるのであれば進出も歓迎されるでしょう。

しかし中国が相手にしているのは、政府でしかありません。

「中国はアフリカを援助している」などというのは、まったく空々しい話。援助しているのは腐敗政府に対してだけで、その見返りに自国の利益だけを考えた無法をやらせてもらっているだけです。

送り込まれた中国人労働者たちも、黒人を蔑視《べっし》し、傲慢《ごうまん》に振る舞うため、現地での軋轢《あつれき》は相当なものです。

激しい非難を浴びる中国の「新植民地主義」

アフリカ諸国民の怒りは限界に達し、ここ数年、中国企業の施設や中国人労働者を狙った襲撃事件が頻発《ひんぱつ》しています。エチオピアでは、二〇〇七年四月、中国の石油関連会社の作業現場が襲撃され、少なくとも中国人労働者九人と

■中国企業の施設や中国人労働者を狙った襲撃事件が頻発している

エチオピア労働者六五人が殺害されました。

まだ記憶に新しいアルジェリアのテロ事件も同じで、資源確保したい中国など、大国の論理に対する現地人の大きな不満が背景にあるのです。

中国が行っていることは、かつての植民地政策とほとんど変わりがなく、欧米諸国は「新植民地主義」と呼んで中国を痛烈に批判しています。

ドイツ政府は中国に毎年続けてきた七〇〇〇万ユーロの発展援助を停止し、世論も「アフリカを中国に渡すな」と激しい批判を繰り返しているようです。

チベット問題でわかるように、中国にはもともと人権意識などというものが存在していません。中国国内だけならまだしも、他国民を蹂躙《じゅうりん》しても「利益のためなら正義」という考え方で海外進出するのは、深刻な摩擦を生むだけで、中国自身にとっても何一つメリットはないでしょう。

23 過剰な投資で生み出された前代未聞のバブル

不動産になだれ込んだ膨大な投機マネー

次に、中国政府が行った三大政策のもうひとつ、民間の投資を促す「銀行への新規融資拡大の指示」について見てみます。これによって中国経済は、後戻りできない暴走を始めることになります。

貸し出された新規融資は一三〇兆円に上りました。途轍《とてつ》もない額ですが、企業にとっては「借りたくない」のに借りた余計なお金です。それでも借りた以上は何らかの手段で運用しなければなりません。ただ寝かせておくだけでは、無駄に金利を払わされるだけです。設備投資を拡大するか、あるいは株式や不動産に投機するか、です。

しかし、既に見てきたように中国は投資によって経済を成長させてきた国であり、さんざん投資を拡大して供給過剰に陥っている状態です。

しかも需要が伸びる気配がないのであれば、さらに設備投資をするメリットがあるとは思えません。下手に設備投資をすれば損をする可能性が高いわけですから、企業に設備投資を選択する勇気はありません。

デフレ下の日本もまったく同じで、企業が設備投資に向かわないためにお金を借りたがらず、銀行は「貸したくても借り手がいない」状態に苦しめられてきました。

中国の場合、さすがは独裁国家で、共産党の「命令」であれば「借りたくない」などと言うわけにもいかず、さりとて借りたお金で設備投資もできず、となれば、必然的に「投機」へ向かうしかありません。

その結果、一三〇兆円の半分近くが株式あるいは不動産へと流れ込むことになりました。中国の国務院発展研究センターの調査によると、二〇〇九年の新規融資の約三割が不動産投機に流れたことが判明しています。

先が見えない中国の不動産バブル

そして中国は、ふたたび不動産バブルに突入します。

突然、大量の資金がなだれ込んでくれば、バブルが発生するのは当たり前です。しかもタイミングが悪く、世界的なバブル崩壊後に投資先を求めてい

■中国主要70都市の新築住宅販売価格の動向

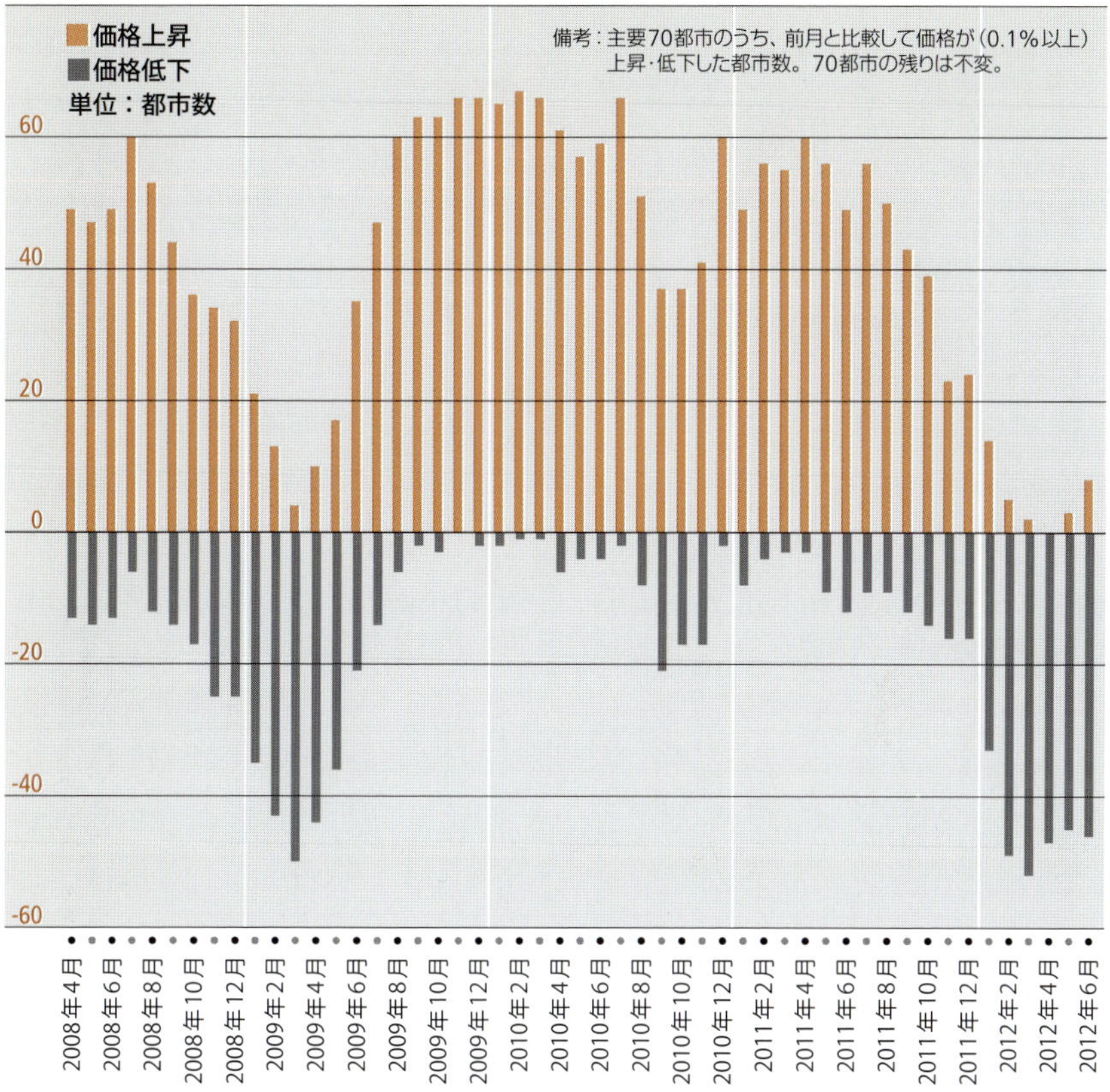

資料：中国国家統計局、CEIC Databaseから作成。

た世界の投資マネーが、再燃した中国の不動産バブルに飛びつき、さらに拍車がかかってしまったのです。

グラフを見ると、バブルが弾けて沈静化した後、二〇〇九年にふたたび急カーブを描いて上昇していく様子がよくわかると思います。

二〇一二年に入り、価格が下落する都市が増えてきました。

中国政府が不動産バブルの抑制策を打ち出し、バブルが縮小し始めたわけですが、二〇一二年一一月の中国共産党大会で「新型の都市化」を推進する方針が決められて以降、バブル抑制の方針と逆行するかのように、さらなる上昇の気配を見せています。

バブルが続けば続くほど中国社会は救いようがないほどに歪んでいき、バブルが終われば中国経済が大失速するのは誰の目にも明らか。

中国は今、出口の見いだせない袋小路に突き当たっているのです。

24 世界を震撼させる中国の危ない輸出製品

世界中が呆《あき》れる中国製の粗悪品

中国製品が売れている理由は「安さ」です。しかし「安かろう悪かろう」であることも事実で、中国の輸出製品に粗悪品が多いことは、世界中の消費者が思い知らされているはずです。

二〇一二年、ウラジオストクで行われたＡＰＥＣ（アジア太平洋経済協力会議）では、中国企業に発注したスタッフ用の制服がすべて粗悪品で、開幕直前に大慌てで仕立て直す事態になり、アジア中に赤恥をさらしました。

世界一の輸出大国になったのですから少しは品質向上しても良さそうなものですが、その気配は一向にありません。そもそも中国自身が「安さだけが武器」であることを十分承知しており、「黒字を出せれば何でもいい」という発想ですから、むしろ悪化する傾向さえ見えます。

ただの粗悪品であれば「安物買いの銭失い」で笑って済ますこともできるでしょう。しかし、人体に深刻な影響を及ぼす危険があれば話は違います。

中国製赤ん坊用「よだれかけ」から鉛が、中国製の園芸玩具からも基準値を超えた鉛、歯磨き粉からは致死量の有毒物質ジエチレングリコール、中国製ステンレス鋼材から放射性物質コバルト六〇といった具合に、世界中で中国製品から非常に危険物質が検出されています。

日本では二〇〇七年末、有機リン系農薬のメタミドホスが混入されたギョーザを食べ、九人が被害に遭いました。

事件の前に「段ボール肉まん」が話題になったこともあって、日本でも中国製品の危険性がかなり周知されたようです。

死者を出しても懲りない中国

食品や医薬品は直接体内に取り込むものなので、とりわけ被害は深刻になります。日本では不幸中の幸いで死者を出さずに済みましたが、世界のあちこちでは、死者も多く出ています。

二〇〇六年一〇月、パナマで中国産風邪シロップを飲んだ子供たちが、一〇〇人以上も死亡しました。価格がはるかに安い有毒化学原料を使った偽グリセリンが原因です。

■安全より利益、環境保全より経済成長!　中国製品の危険性

同様の事件は二〇一二年にも発生し、パキスタンで咳止《せきど》めシロップによる死者が三五人以上出ています。こちらも中国から輸入した原料を使用していたことが明らかになっています。

同じ二〇一二年、ドイツでは、幼稚園児一万五〇〇〇人が被害に遭う食中毒事件が発生しました。原因は中国産の冷凍イチゴに含まれていたノロウィルスです。

安全より利益、環境保全より経済成長、という考え方で、ただ「安くあげる」ために毒性の強い原料や薬品を平気で使う。

中国人自身が「自分で作ったものは絶対食べない」と言っているくらいですから、そんなものを輸出していること自体、許されることでありません。

しかも中国は、言い訳と責任転嫁を繰り返して素直に非を認めようとしてしません。貿易摩擦をどうこう言う以前に、輸出してはならないものを輸出しているのが中国経済なのです。

25 中国が「不動産こそわれらが命」になった理由

「土地の価格がゼロ」から始まったバブル

銀行への新規融資拡大の結果、投機マネーが一斉に不動産へ流れ、不動産バブルはふたたび過熱し始めました。中国社会科学院の調査によると、二〇〇九年の中国における不動産売買の六〇パーセントが「投機目的」だったことが判明しています。居住のためではなく、あるいは企業に賃貸するための投資でもなく、価格が上昇することを期待しての投資です。

日本のバブルを思い出せばわかる通り、不動産投資は経済への波及効果が極めて大きいものです。

何もない荒地で値段がつかない土地が、あるとき何らかの理由で価値がついた途端に、その金額分が突然増えることになります。土地の売却者は、まったく費用を投入することなしに売却価格を純資産として得ることができるのです。

ゼロから突然、資産が増えるのですから、効果が高いのは当然です。

しかも共産主義国家である中国の場合、九八年に個人の「土地の使用権」が認められるまで、土地や不動産は基本的に各地の地方政府が所有するものであり、不動産取引が行われていませんでした。つまり「土地の価格がゼロ」の環境が維持されていたわけです。

そうした下地があったために、住宅投資が過熱して価格高騰が抑えきれなくなるのは必然だったと言えます。

新規融資が拡大した二〇〇九年だけ

でも、中国全土の不動産平均価格はわずか一年で二五・一パーセントも上昇しました。北京、上海、などの主要六大都市に限れば六〇パーセントという驚きの上昇率です。

日本やアメリカの不動産バブルは、高くてもせいぜい一〇〜二〇パーセントでした。

主要六都市の上昇率では、二倍になるのにたった一年半しかかかりません。「人類史上前代未聞」のバブルと呼んでも大げさではありません。

決定的となった不動産依存体質

三〇〇〇万円のマンションを一年半所有しているだけで、さらに三〇〇〇万円の大金が転がり込んでくるのであ

■中国経済はもはや不動産バブルなしでは成り立たない体質になっている

上海の新江湾城の開発用地。周辺ではマンションの建設ラッシュが進む　写真提供：毎日新聞社

れば、富裕層が不動産売買に夢中になるのも無理のない話でしょう。

その結果、不動産バブルは中国の経済成長に大きく貢献しました。しかし、ほとんど制御不能なまで膨れ上がったために、中国経済は、もはや不動産バブルなしでは成り立たない体質になってしまいました。ロシアの知識人がロシア経済を揶揄《やゆ》して「原油こそわれらが命」と呼んだことにならって、中国人は「不動産こそわれらが命」と言うようになっています。

簡単に経済成長できるタネが転がっていたばかりに、中国人が一斉に飛びついてしまい、それなしで生きていけなくなったわけです。ドーピングに頼り切ったスポーツ選手がステロイドなしで活躍できなくなったようなものでしょうか。

不動産依存体質は決定的となり、以降、中国政府はバブルの「抑制」と「延命」の両方を目指さなければならないというジレンマに陥っています。

26 不動産バブルでさらに広がった経済格差

パリよりも高い上海の住宅価格

不動産バブルで経済成長が促進された反面、不動産価格の高騰は、一般市民の生活を著しく圧迫することになりました。投機のための売買で価格が上がったということは、その分だけ「住む」ために買う人の負担が大きくなったということに他なりません。尋常《じんじょう》ではない上昇率だったのですから、負担の大きさも尋常ではないわけです。

中国の所得に対する住宅価格の比率は、大都市で国際基準の一〇倍に達しています。

パリの六〇平米マンションの住宅価格は、約三万から五万ユーロ（約四二〇万～六九〇万円）といったところです。一方、上海郊外の六〇平米マンションの価格は、約六〇万～七〇万元（八四〇万～九八〇万円）で、パリを上回っています。

これだけなら大した違いはないと思われますが、問題は所得の違いです。

パリの低所得者層の月収は手取りで一五〇〇～二〇〇〇ユーロ（約二一万～二八万円）に対し、上海の低所得者層の手取り月収はせいぜい一五〇〇元（約二万一〇〇〇円）に過ぎません。

中国で最も所得が高い上海でさえ、パリと一〇倍以上の開きがあるのです。にもかかわらず上海のマンション価格のほうが高いのです。上海でマンションを買うのに必要な資金は、年収の三〇倍にあたります。中国人の負担がどれだけ大きいか、おわかりでしょう。

住宅ローンの負担に苦しむ「房奴」たち

現在、中国では住宅ローンに苦しむ人々が「房奴《ぼうど》」（住宅の奴隷）と呼ばれ、大きな問題になっています。可処分所得の大半が住宅ローンを占め、他の消費がほとんどできなくなっている人々が無数にいるのです。実質的に彼らの生活レベルは下がる一方です。

住宅のために他の生活をすべて犠牲にするなど考えたくもありませんが、中国は日本よりも持ち家に対するこだわりが強く、家を持っていない男は半人前という認識が強く残っています。

家持ちではない男に娘を嫁《とつ》がせたくない、と考える母親がほとんどですので、無理をしてでもマンションの購入をす

■パリの60平米マンションの住宅価格は、420万～690万円。
上海の価格は、840万から980万円。にもかかわらず、
上海の所得者の月収はパリの所得者の1/10！

る男性が後を絶ちません。ましてバブルの渦中で価格が上がると信じていれば、仕方のないことでしょう。

バブルが弾けて彼らに残されるのは、限りなく重たい負債のみです。

一方で、地位を利用して不動産を所得し売買に精を出す特権階級、富裕層は、バブルの恩恵を最大限に享受して資産を増やしていきます。

確かに不動産バブルは経済成長に寄与しましたが、経済格差を一層広げる結果になりました。

また、ローンの返済はＧＤＰにカウントされませんので、一般市民が消費にまわす余裕を失った分、中国の個人消費はさらに冷え込むことになります。

そして富を手中にした富裕層は、中国製品を買わずに海外のブランド品を買い、あげくは富を持って海外に逃亡していきます。

中国の不動産バブルは、内需拡大にはむしろマイナスに作用し、今後は経済成長の阻害要因となるだけです。

27 まともに機能しない株式市場に投資など論外

完全に弾け飛んだ中国株式バブル

急激な経済成長とともに中国の株式市場もバブルに湧《わ》き、日本の投資家の間でも中国株がちょっとしたブームのようになっていました。

「北京五輪までは共産党がバブルを破裂させないので株価上昇は続く」などというオカルトじみた論調が流行して、踊らされた人も多かったのではないかと思います。

しかし、二〇〇七年一〇月にピークを打った後、洒落《しゃれ》にならない急落を見せ、完全に株式バブルは弾《はじ》けました。

その後も順調に経済成長しているというのであれば、株価も上がっていくのが普通ですが、上海株価総合指数は二〇〇〇ポイント台をウロウロするばかりで、上昇の気配はありません。

中国株投資を煽《あお》った人々の愚かしさを今さら咎《とが》めても意味がないことですが、一つだけ、しっかりと理解していただきたいのが、中国の株式市場が金融仲介のための公正な取引市場などではない、ということです。はっきり言えば「中国政府の資金調達の場」でしかありません。

そもそも上場している企業の大半が国有企業です。国有企業が資金調達できるよう、政府が市場に介入し、株価操作も露骨にやっています。

国有企業の情報開示などまるで信用できませんので、投資家に正しい判断ができるはずもありません。

たとえは悪いかもしれませんが、胴元がイカサマをやっている賭博場みたいなものです。

詐欺同然で行われる政府の資金調達

バブルに湧いた当時、ペトロチャイナ（中国石油天然気集団公司）が世界一の時価総額になったと話題になり「さすがは飛ぶ鳥を落とす勢いの大国・中国」と賞賛する呑気《のんき》な「評論家」がたくさんいました。これなどは最も悪質な例です。

「中国の株式は株式数の三分の二が流通していない」という特殊事情は知られていたようですが、実際は三分の一が流通していればまともなほうで、ペトロチャイナの事例では、上海株式市場で出回っていた株式はたったの二パ

■上海株価総合指数の推移

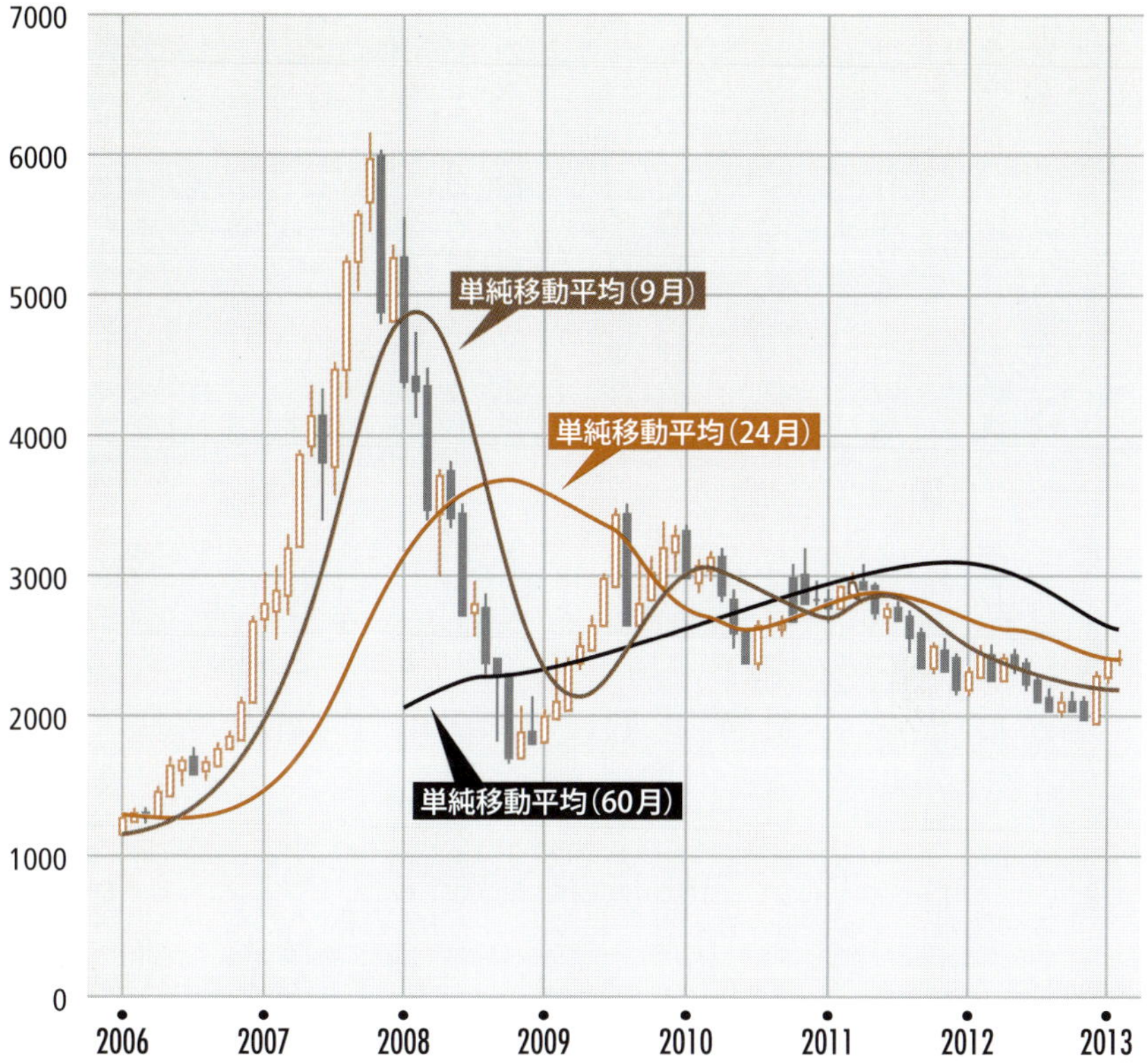

ーセントでした。

二〇〇七年一〇月、ペトロチャイナがこの二パーセントの株式を上場したとき、公募価格の三倍近い値がつきました。そして出回っていない九八パーセント分の株式もその値で加えて「時価総額が一兆ドルを超えた！」とやったわけです。

発行済み株式の八六パーセントを政府が保有していましたので、これを売りに出せば流通株式数は四〇倍になります。当然、一株の価格は四〇分の一になるはずです。これが「イカサマ」でなかったら何だというのでしょうか。

詐欺に近い手法で投資を呼ぶ込む前に、金融制度を健全化させるのが先です。しかし、「カネのなる木」である株式市場を中国共産党が手放すはずもありません。政治改革が進まない以上、金融改革もまた現実不可能です。

いまだに中国の成長を盲信し中国株に投資しようなどというのは、愚かを通り越して滑稽です。

28 経済成長は共産党の権威を守るための手段

政権維持の正統性を失った中国共産党

中国が強引な政策で急激な経済成長を推し進めてきた背景には、何よりも中国共産党の政権維持という大命題があります。

一九八九年六月四日、天安門事件が起こり、デモ制圧のために人民解放軍が多くの中国人民を虐殺しました。

このとき、中国共産党の権威は地に堕《お》ちました。

事件前まで、中国共産党は「中国を軍国主義の日本から守った党」という虚偽の情報を流布し、「国を守った英雄こそが共産党である」という権威づけによって政権の正統性を確保していました。ところが、その共産党に属する人民解放軍が中国人民を虐殺してしまったことによって「中国人民を守る党」という正統性を失ってしまったのです。このままでは人民の怒りを抑えきれない、という恐れが共産党を激しく襲いました。

そもそも共産党が政権についたのは、毛沢東が人民の怒りを煽《あお》って既存の権力や国民党を暴力で叩き潰してきた結果です。人民の怒りを「利用」することで権力を握った党ゆえに、人民という存在の恐ろしさを痛いほどよく理解していたわけです。

共産党は結党以来、最大の危機に直面していたのです。

「人民のための党」という大義名分を失った共産党は、その後、中国を経済成長させることで共産党政権の権威と正統性を回復させる方針に定めました。政権転覆へ向かわせないためには、まず「食わせる」ことが先決、と考えたわけです。

そして一九九二年、鄧小平が共産独裁体制を敷いたまま資本主義を導入し、改革開放路線を進み始めます。

経済の失速が即政権崩壊につながる

共産党は何が何でも経済成長を実現しなければなりませんでしたし、経済の失速が即、自分たちの危険に直結するために、不況などという事態は絶対に避けなければなりませんでした。

そのために手段を選ばず、ただひたすらGDPを拡大させることに集中したのです。

■1989年6月4日、天安門事件

天安門広場を埋め尽くした、民主化を要求する50万人以上の市民

写真提供：ロイター＝共同

「中国人民を守る党」という正統性を失ってしまった

二〇〇八年のサブプライム・ショック以降、経済成長の行き詰まりを打開するために「保八」、すなわち「成長率八パーセントを死守せよ」というスローガンを打ち出したのも、危機感の表れでしょう。

「人民を豊かにするために共産党が政権を維持し経済成長を目指した」ならば何も問題はありませんが、「共産党政権を維持するために経済成長で人民を食わせよう」という思惑《おもわく》だったのですから、本末転倒です。つまり中国の経済成長は、始まりからすでに本来の目的を逸脱しているのです。

ついでに言えば、「外敵を作る」ことも政権維持の正統性を担保する重要な戦略です。中国の反日政策は「人民の怒りを共産党から逸《そ》らす」目的ですが、経済がここまで行き詰った以上、「外敵から守る」こと以外に共産党の存続は望めそうにありません。

昨今の対日強硬策の裏には、そうした事情も見え隠れしているのです。

PART 3

もはや中国経済の崩壊は避けられないこれだけの理由

29 グローバル・インバランスの縮小が中国の首を絞める

為替レートはスタビライザー（安定化装置）

経常収支黒字国は通貨高へ向かい、輸出に不利で輸入に有利な状況になっていきます。逆に経常収支赤字国は通貨安へ向かい、輸出に有利で輸入に不利な状況を迎えることになります。

為替レートが変動することによって、黒字額も赤字額も縮小していく圧力が働き、自然にバランスが取れる仕組みになっているわけです。

いわば為替は世界経済の均衡を図るスタビライザー（安定化装置）のようなものとして、非常に重要な役割を持っているのです。

ところが二一世紀の世界は、二〇〇八年のバブル崩壊までスタビライザーが働かず、黒字国は延々と黒字額を増やし続け、赤字国は赤字額を増やし続けるという「グローバル・インバランス」の拡大現象が起きていました。

これは、本来ならあり得ない現象であり、非常に危うい状態と言えます。赤字国はいつまで経っても輸出しやすい時期を迎えることができず、ひたすら自国の需要や雇用を奪われる結果、いずれ限界を迎え、通貨安戦争や保護主義に走ることになります。

中国は世界の趨勢にどこまで抵抗できるか

グローバル・インバランスの拡大が続いた原因は主に三つあります。

一つ目はアメリカの不動産バブルです。バブルで家計の消費と負債を拡大させ、赤字を膨らませ続けました。世界の経常収支赤字に占めるアメリカの割合は凄まじく、二〇〇二年には何と八割にも達しています。世界中の赤字の八割をアメリカただ一国で占めていたのです。

二つ目はユーロの存在です。ユーロは共通通貨で、一国の収支によって直接影響されるわけではないため、赤字国でも通貨安になることはありませんでした。どんなに赤字を増やしても、自国の経済力に見合わない通貨高と「輸入力」を維持できたために、ギリシャなどは分不相応な消費を続けてしまい、その末に破綻を迎えたわけです。

そしてもうひとつが、すでにご承知の通り、中国政府の為替介入です。

中国がやったことは、為替レートと

■グローバル・インバランスを拡大させた3つの要因

1 アメリカの不動産バブル

バブルで家計の消費と負債を拡大させ、
赤字を膨らませ続けた

2 ユーロの存在

赤字を増やしても自国の経済力に見合わない通貨高と
輸入力を維持できたため、分不相応な消費を続けた

3 中国政府の為替介入

自国の都合でひたすら貿易黒字を積み上げ、
グローバル・インバランスの拡大を加速させた

↓

**2008年以降、世界的な需要縮小。極限まで拡大した
グローバル・インバランスは縮小へと向かい始めている**

いうスタビライザーの機能を意図的に取り払ったようなもので、自国の都合でひたすら貿易黒字を積み上げ、グローバル・インバランスの拡大を加速させたのです。

二〇〇八年以降、世界的な需要縮小の中、極限まで拡大したグローバル・インバランスは縮小へと向かい始めています。この不自然にバランスを崩した世界経済を放置しておくわけにはいかなくなったからです。

バブルは崩壊し、もはやアメリカ国民にこれまでのような消費を楽しむ余裕はなく、アメリカは赤字を減らそうとしています。現在、アメリカと変わって中国最大の輸出相手となったEUも、ご承知の通り深刻な危機に瀕《ひん》しており、輸出減は避けられません。

それでも中国は、輸出に頼らなければ経済成長できない構造である以上、やめるわけにはいかないのです。

世界経済の趨勢《すうせい》にいつまで抵抗することが出来るのでしょうか。

30 製造大国の復活を目指すアメリカの圧力

オバマ大統領の「輸出倍増」計画

第二次世界大戦直後のアメリカは、たった一国で世界のGDPの半分を稼ぎ出す途轍もない規模の製造大国でした。ところが、工場の海外移転やオフショアリング（海外企業への業務委託）などが進むことで徐々に産業の空洞化を招き、数十年たった今では、すっかり生産能力を失ってしまいました。

海外移転などを進めてきたのは日本も同じですが、日本の場合は製造ラインを移しただけで研究開発などの中核能力は国内に残したままのケースが多く、産業自体は日本国内に維持されています。

しかしアメリカの場合は「産業」が丸ごと移転してしまい、国内に何も残されないケースが多いのです。

その結果、現在のアメリカには家電産業も鉄道業も造船業もありません。かろうじて残された自動車産業はご存じの通りの有様です。

二〇一〇年に入り、失業率改善の兆《きざ》しが見えない中、オバマ大統領は一般教書演説で「五年間で輸出を倍増する」という目標をぶち上げました。

雇用を創出し、限界まで膨れ上がった経常収支赤字を減らすには、もう一度、強い製造業を復活させるのが唯一にして最善の道だろうという判断です。何よりも製造業は雇用創出能力が高いのです。

世界三大輸出国のひとつであるアメリカがいきなり「倍増」ですから、途轍もない額の輸出を増やすということですが、そのためには輸出を引き受けてくれる、つまり輸入してくれる国がなければ始まりません。

そこでアメリカは、前項でも説明したグローバル・インバランスの縮小を理由に、現在の経常収支黒字国に引き受けてもらうことを画策しています。

グローバル・インバランスの自然な縮小を待っている余裕はすでになく、人為的に早めて復活を目指そうという思惑です。

人民元切り上げは時間の問題

そして、アメリカの狙いを阻《はば》む最大の障害となるのは、言うまでもなく中国です。

アメリカの狙いを阻《はば》む最大の障害は中国

アンフェアな人民元安を武器に世界にデフレを輸出し、他国から雇用を奪い続けている中国は、経済復興を目指すアメリカにとって「敵国」ということになるわけです。

アメリカの世論も完全に同調し、「雇用問題も景気悪化も中国のせい」と声を張り上げている状態です。対する中国は、対ドル固定相場制こそ放棄しましたが、人民元上昇のペースは遅く、不当な過小評価が続いています。

アメリカは米中二国間の問題から「中国対国際社会」という構図にシフトさせることで中国への圧力を強め、人民元切り上げを強硬に要求していく気配をさらに高めています。

中国もいずれ人民元を切り上げるより他になくなるのは確かでしょう。

そして経常収支黒字は大幅に縮小していくことになります。

経済成長の要であった中国の輸出業は、すでに「詰んでいる」と言わざるを得ないでしょう。

31 「安い中国製品」が席巻する時代は終わる

「安さ」を支えてきた二大要因が消える

繰り返し述べてきたように、中国製品の最大の武器は「安さ」です。安いがゆえに輸出を拡大し、異常なまでのスピードで経常収支黒字を増やしてきました。

そして「安さ」を支えてきたのが、中国の安い人件費と人為的な人民元安であることも、すでに十分理解されたと思います。

安い人件費については、低い可処分所得と所得格差の拡大、あるいは不動産バブルによる「房奴《ぼうど》」の増加などが個人消費拡大のボトルネックとなっているため、政府は所得増と消費拡大を狙って人件費を高騰させる方向にシフトしています。

人民元安も、グローバル・インバランスの縮小傾向と、それを加速させるアメリカからの圧力によって、ジリジリとですが是正されつつあります。そして、今後はさらに通貨高が進むはずです。

つまり、中国製品の「安さ」を支えてきた二大要因が、見事に消え去ろうとしているわけです。

これは事実上、中国の輸出産業を壊滅させることになるでしょう。

人民元高の影響で経常収支黒字が減る、というだけの話ではなく、輸出製品そのものが、買い手にとって無価値なものになろうとしているに等しいのです。

もっと平たく言えば「安くない中国製品は誰も買わない」ということです。

中国製品の危険性についても触れましたが、今までは多少の危険があっても「安いから多少は仕方がない」と思っていた買い手も、買う理由がなくなってしまいます。「高い上に危険」な製品など、なおさら誰も買わないでしょう。

中国の製造業そのものが縮小していく

さらに言えば、中国独自で生み出した付加価値などほとんどないに等しく、「高くても中国製品でなければ」というものが見当たりません。本当に、安さ以外のメリットがないのです。

当然、中国に進出していた海外企業も続々と撤退していくでしょう。日系

■こうして中国の安い製品が消える!

1 政府は所得増と消費拡大を狙って人件費を高騰させる方向にシフト

2 グローバル・インバランスの縮小傾向と、それを加速させるアメリカの圧力により、人民元高が進む傾向

↓

中国製品の「安さ」を支えてきた2大要因の消滅

↓

輸出産業に大打撃
（安くない中国製品は誰も買わない）

企業も例外ではありません。

中国の輸出額のうち五〇パーセント以上が外資系企業によるものですから、輸出が減る云々以前に、中国の製造業そのものが急激に縮小していくことになります。

景気は停滞し、雇用環境も急速に悪化して失業率が増えるのも避けようがありません。

だからと言って、また人件費を下げようものなら、消費拡大がますます困難になるのはもちろん、たちまち大暴動が発生することになるでしょう。

事ここに至っては、輸出産業の壊滅、経済成長の大減速が待っているのを百も承知の上で、最大の武器である「安さ」を手放す以外に道はありません。

まさに八方ふさがりです。

この先の中国に打つ手がありそうには思えませんが、いずれにしても、安さを失うことで、中国製品が世界を席《せっ》巻《けん》する時代が間もなく終わりを告げることだけは、間違いなさそうです。

32 中国に襲いかかるインフレの恐怖

マネーサプライの異常な増加

公共投資、民間投資で経済を下支えする政策を取ってきた中国には、必然的にやってくる大きな懸念材料があります。マネーサプライの拡大によるインフレです。

マネーサプライとは出回っているお金の量を意味しますが、大規模に公共投資を進めてきた中国には今、人民元があふれているわけです。

中国人民銀行のデータによると、二〇一二年末で中国のマネーサプライは九七兆四二〇〇億元となっており、一〇〇兆元を超えるのはもはや確実な状況です。この額は世界のマネーサプライ総量の四分の一にも匹敵している途轍もない量です。

急成長が始まった二〇〇〇年は約一三兆元で、二〇〇九年に五〇兆元を超えてからは数年で倍増という驚異的なペースで増えています。中国政府がいかにお札をジャブジャブ刷り続けてきたかが伺えます。

お金の量が増えれば当然、お金の価値は下がり、物価が上がっていくことになります。

ただでさえギリギリの生活を強いられている低所得者層をインフレが襲えば、彼らの生活は間違いなく破綻するでしょう。六四天安門事件以上の大規模な暴動が起きても不思議はありません。

政権の命取りとなりかねない事態ですから、中国共産党もその点は十分に理解しており、インフレを抑制するために金利を上げるなどの金融引き締め政策を進めてきました。

これは同時に不動産バブル抑制策の意味もあるわけですが、インフレを抑えると同時に、バブルの抑制で経済成長低迷に向かい、「あちらを立てればこちらが立たず」というジレンマに悩まされることになります。

インフレで暴動が起きるか、経済の失速で暴動が起きるか

実際に、二〇一二年に入ってインフレがある程度は沈静化した反面、二〇一〇年以降の経済成長率は減速の一途を辿っています。

経済成長がストップして失業率が上がっても、やはり大暴動発生の危険も

■中国のマネーサプライ(M2)の推移

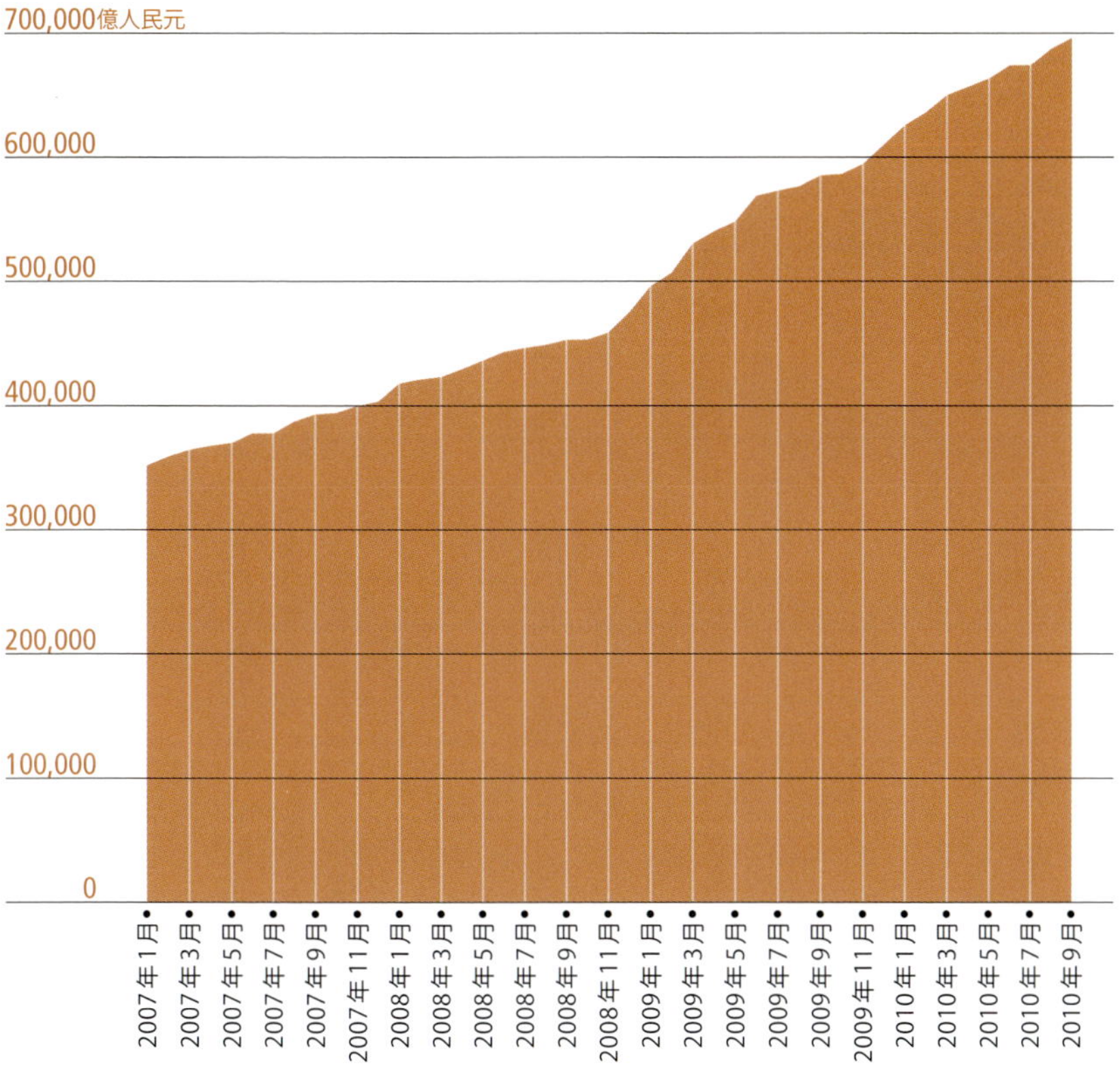

出典：中国人民銀行

高まるでしょう。

このままでは、インフレ率が上がりながら失業率も上がるという最悪の「スタグフレーション」に見舞われる可能性も濃厚です。

結局、インフレ上昇率が多少は落ち着いたこともあってか、中国政府はふたたび、金融引き締めから金融緩和へと舵《かじ》を切りなおしました。そして総額一兆元規模の公共投資も新たに決定しています。

繰り返しになりますが、中国の経済成長を支えてきた輸出や民間投資が頭打ちになっている以上、やはり公共投資に頼るしかないわけです。

事態がさらに悪化するとわかっていても、お札をジャブジャブ刷り続けるしかないのです。

そして現在の中国は、ふたたびインフレの恐怖に覆《おお》われています。

インフレで暴動が起きるか、経済の失速で暴動が起きるか。いずれにしても先行きは暗澹《あんたん》たるものです。

33 中国に混在している三つの格差

まるで別の国としか思えない極端な格差

後述する社会保障制度とともに中国の個人消費が拡大しない要因として大きいのは、所得格差の問題です。

中国の場合は、単純に富裕層と貧困層の二極分化が進んでいるというだけでなく、三つの格差が混在していると考えられています。「富裕地と貧困地」、「都市部と農村部」、「富裕層と貧困層」の三つです。

中国は国土が広く、複数の民族と言語が入り乱れていることもあって、簡単には解決できそうにない複雑な格差の構造が出来上がっているのです。

一つ目は地域の格差で、最も所得水準が高いと言われているのが上海、最も低い地域が貴州省《きしゅうしょう》です。その所得格差は軽く一〇倍を超えています。

日本でも、東京と沖縄で所得に二倍程度の格差があります。二倍でも十分大きな社会問題ですが、中国の地域格差は比較にならないレベルで、とても同じ国の地域だとは思えません。

二つ目の「都市部と農村部」は、要するに都市戸籍か農村戸籍かで、所得水準がまったく違ってしまう格差です。都市と農村では、戸籍からして違うのです。

一人あたりの年間可処分所得で比較すると、都市部がおよそ一万六〇〇〇元（約二〇万円）、農村部が四八〇〇元（約六万二〇〇〇円）で、三倍以上の開きがあります。

後で詳述しますが、健康保険などでも戸籍の違いで条件がまったく異なっていますし、農村戸籍の人が都市部で働くためには就労許可が必要になります。国籍の違う人間が労働ビザを取って出稼ぎに行くようなものですから、こちらも同じ国のお話とは思えない格差です。

中間層が二割程度では内需拡大は無理

そして富裕層と貧困層の格差です。

中国の経済専門紙「中国財政報」によると、総人口の一〇パーセントを占める富裕層が、全所得の半分を占めているのに対し、二〇パーセントの貧困層が得る所得は、全所得のわずかに四・七パーセントしかありません。

残りの七〇パーセントが、いわゆる

■中国の所得格差

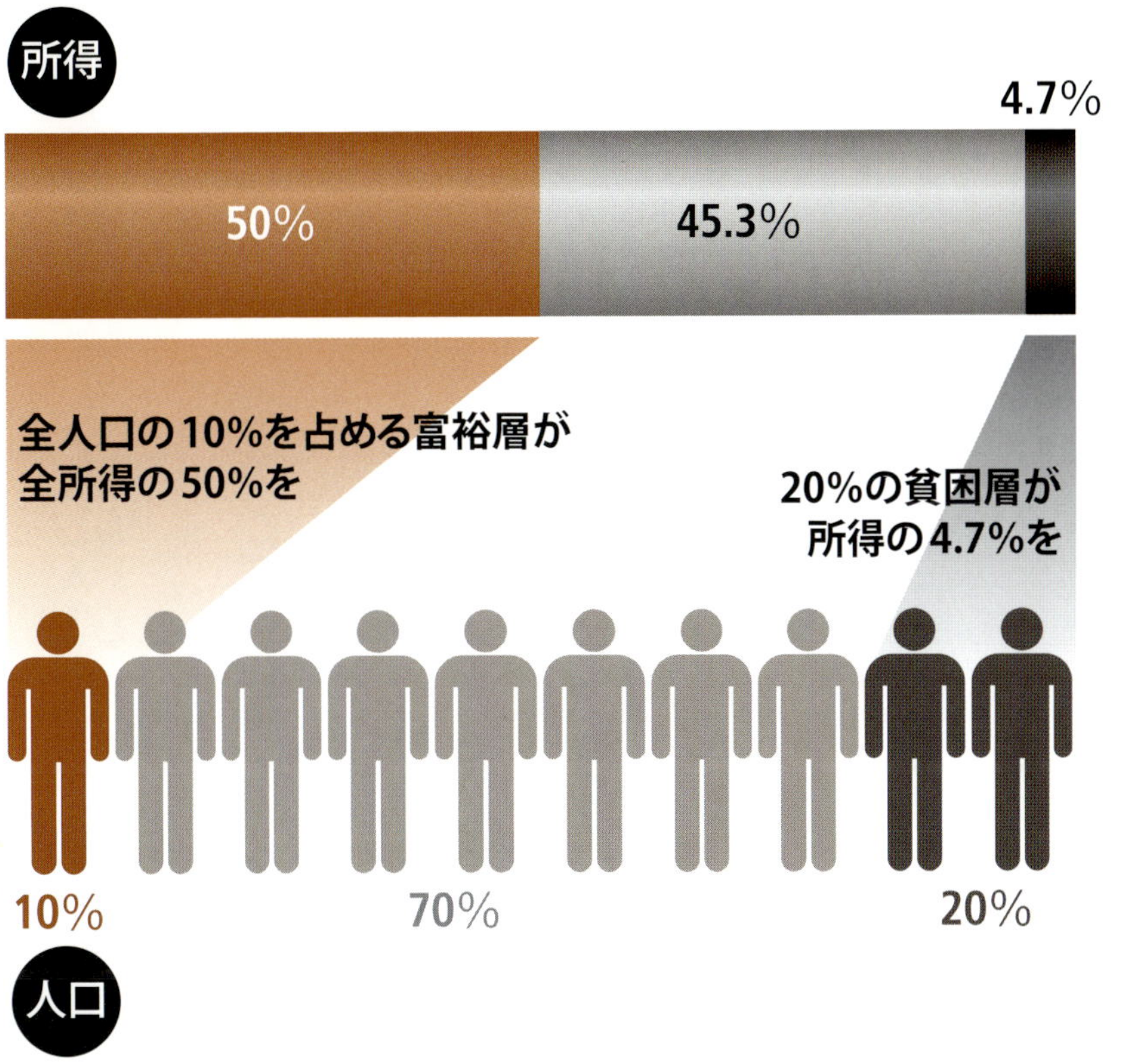

出典：中国財政報

「中流」の生活レベルが維持できているわけではなく、中国社会科学院の調べでは、二〇一〇年時点での「中間層」は人口の二三パーセントということになっています。

消費を拡大させるには、この「中間層」をどれだけ増やせるかが重要です。富裕層がいくらお金を持っていても、消費には限界があるため、所得のほとんどは貯蓄としてストックされてしまいますし、貧困層はギリギリの消費しかできません。

「一億総中流」と言われた日本は、だからこそ高度成長できたわけですが、中国はいまだに二割程度でしかなく、消費したくてもできない貧困層が大半を占めている状況です。

いくら「一三億人の巨大市場」などと言っても、三つの大きな格差が改善に向かわない限り、内需拡大には限界があります。投資や輸出頼みではない健全な経済成長を目指したくても、まず不可能でしょう。

34 想像を絶する件数の暴動が起きる荒《すさ》んだ社会

世界最悪レベルの所得格差

前項で説明したように、所得格差が開くと消費拡大が難しくなり、経済成長を妨《さまた》げます。それだけでなく、社会不安を引き起こし治安が悪化するのも当然の成り行きです。

社会における所得配分の不平等さを測る指標に「ジニ係数」があります。〇から一までの数値で表すもので、数値が高いほど社会不安が高く、〇・五を超えると「慢性的な暴動が起こる」とされています。

中国の代表的メディアである新華社通信の報道によると、同国のジニ係数は、鄧小平の改革開放初期から二〇〇七までの間に〇・二八から〇・四八まで上がり、その後も上昇を続けて、二〇〇九年には、ついに〇・五を超えたということです。

二〇〇九年の上昇ぶりが特に著しかったのは、株式や不動産バブルによって一気に貧富の差が広がったためだと考えられます。

中国社会科学院発表の「社会青書」、西南財経大学の調査などを見ると、二〇一〇年のジニ係数は〇・六一という驚くべき数値が出てきます。正直に言って、背筋が凍るような高さだと思います。

調査機関によって多少のばらつきがあるものの、中国の所得格差がすでに世界最悪のレベルに達しているのは間違いないでしょう。

社会主義国家で人民はすべて平等とされていたはずの国が、三〇年ほどでここまで悪化したのですから、言葉もありません。

「慢性的な暴動が起こる」数値を大幅に超えているわけですが、実際に中国では、すでに随分前から慢性的に暴動が発生しています。

年間一八万件も暴動・抗議行動が起きている!?

二〇一一年の中国における暴動・抗議行動の年間発生件数は、なんと一八万件！　一日あたり五〇〇件以上という勘定です。

いくら中国が広いとはいえ、「毎日」五〇〇件の暴動が起き続けていると考えると恐ろしい限りです。

いったい本当はどこまで荒《すさ》んでいる

■暴動・抗議行動発生件数が、年間、なんと18万件!

2012年9月、反日デモ隊に破壊された日系スーパーの店内

写真提供：AFP＝時事

2012年9月、日本料理店を破壊する暴徒

写真提供：共同通信社

のか、まるで想像が及びません。

二〇〇五年時では八万七〇〇〇件で、政府はその後、公表していませんでした。データを伏せていること自体、さらなる悪化を証明しているようなものですが、ふたを開けて見れば五年間で倍増という異常な増え方です。

発生件数が二〇万件を超える日もそう遠くないでしょう。

尖閣諸島を巡る問題で激しい反日デモが起き、日本国内のメディアも盛んに報道していましたが、あれも実質は、所得格差による社会不安が引き起こした暴動のひとつと見るべきです。

「反日」の口実を与えられたことでやりたい放題になり、日本のスーパーを襲撃したのは、最初から商品の強奪が目的だったと考えたほうが、荒れ狂う暴徒の姿をより正しく捉《とら》えることができるのではないかと思います。

高まる彼らの不満をどうやって抑えるのか。それこそが中国共産党の最大の懸念でしょう。

35 中国の統計数字は捏造《ねつぞう》だらけで信用できない

平気で数値を捏造する中国共産党の官僚たち

中国国家統計局が発表した二〇一二年の名目GDPは五一兆九三〇〇億元（約七三三兆円）でした。ところが、中国に三一ある省クラスの地方行政区がそれぞれ発表した二〇一二年の域内総生産（GDP）の合計額は、五七兆六九〇〇億元。その差は五兆七六〇〇億元と、日本円にして約八五兆七七〇〇億円も食い違っていました。

日本では都道府県のGDPを合計すれば日本全体のGDPの額と合致します。当然の話だと思うのですが、中国はなぜか、そのようになりません。

つまり各省の官僚たちがGDP成長率を競って水増しするために、合計してみたら非現実的な数字になっていたというわけです。

共産独裁国では、「目標数値」は当然、達成されるべきものです。そして目標を上回る成績を上げれば官僚の評価も上がります。目標が達成できなければ、数字を変えてしまえばいいだけです。要するに自身の栄進《えいしん》、共産党内の権力争いのためになるなら、それくらいのことは何の罪悪感もなくやってのけるのが彼らのメンタリティです。

毛沢東時代の大躍進政策（農工業の大増産政策）では、中央政府には豊作の報告が上がっていながら、実際には農民が次々と餓死するという事態になっていました。餓死者は推計で二〇〇〇万～五〇〇〇万人とも言われているほどの大規模な飢饉でした。

同じことが現在においても平然と行われているのです。

中央政府が出す数値も、自国の都合に合わせて簡単に捏造《ねつぞう》されます。二〇〇四年のGDPは、いきなり一六・八パーセントも上方修正され、これによってイタリアを抜き去り、世界六位となりました。ご承知の通り、現在は日本を抜いて世界第二位となっていますが、それもどこまで本当なのか、甚だ疑わしい限りです。

中国の貿易黒字は七割が虚偽だった!?

二〇〇七年、中国国家統計局の元局長・李徳水氏が、驚きのコメントを出しました。中国の貿易黒字について「大部分はウソ」と答えたのです。

■各省の官僚たちがGDP成長率を競って水増し

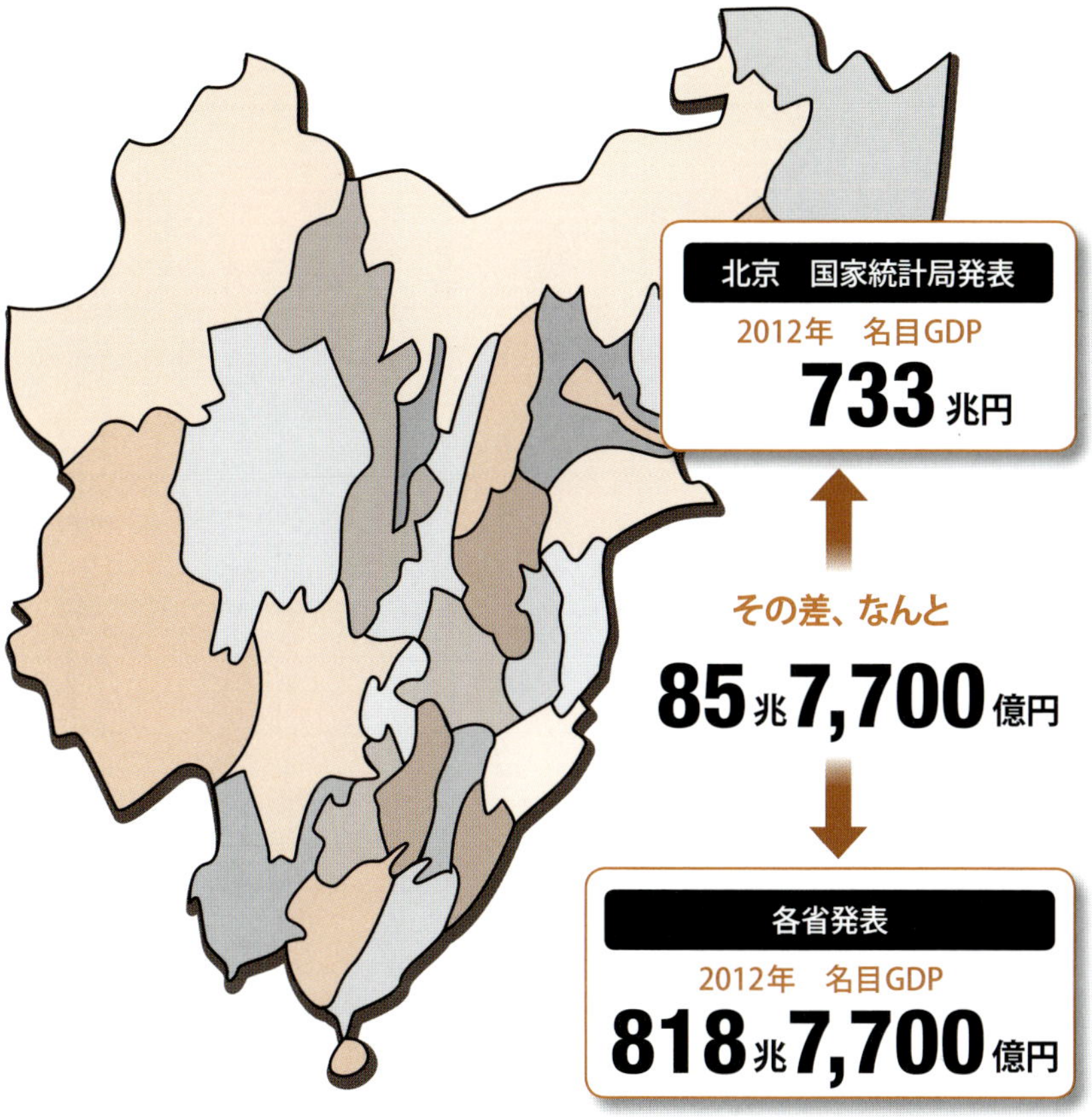

輸出戻し税（輸出した製品の付加価値税を還付する制度）を詐取するために、単価の水増しや輸出先を架空の外国企業にすることで輸出額をかさ上げする不正が横行していたとのことです。

国家税関総署も貿易黒字の虚偽を認め、外国銀行の一部は「中国の貿易黒字の七〇パーセントが虚偽だ」との見方を示しました。

ちなみに二〇〇六年の貿易黒字の七〇パーセントを架空の数字として算出してみると、GDPの四・七パーセントを占める一二四二・五億ドルの黒字が架空だったことになります。これが本当なら、誤差の範囲を大きく逸脱した途轍《とてつ》もない巨額の水増しです。

国内統計だけならまだしも、相手国のある貿易に関してまで捏造しているのであれば、中国が出す数字の大半は額面通り受け取ることができません。

捏造の背景をしっかり見極めないと、「中国経済はすごい」のウソに気づくことも難しいでしょう。

36 巨万の富を持って海外へ逃げ出す富裕層

「中国は世界で最も貧しい国になる」

二〇一二年七月、アメリカのヒラリー・クリントン国務長官は、ハーバード大学での演説の中で「二〇年後、中国は世界で最も貧しい国になる」と述べました。

その根拠として「中国富裕層の海外逃亡」を挙げ、移民申請の状況から官僚家族の九割と富豪の八割がすでに移民申請を出したか、またはその意向があると説明しています。

すでに海外逃亡した富裕層は二万人以上と言われており、中国共産党が公表した高級幹部の海外逃亡者だけで四〇〇〇人に達しています。

汚職の限りを尽くして蓄財した富を持って出て行ったわけですから、想像を絶する額が海外に流出したことになります。

二〇一一年、妻がイギリス人殺害に関与し、共産党高級幹部の薄熙来《はくきらい》が失脚した事件がありました。彼女が夫の権力をバックに作った財産は六〇億ドルという巨額なものです。日本円で約四八〇〇億円です。幹部本人ではなく、その妻でさえそれだけの蓄財が出来るのですから、絶句するしかありません。

二〇一二年には、温家宝首相の親族が二七億ドルの資産を保有していたことや、母親が一億二〇〇〇万ドルの株式を保有していたことなどをNYタイムズ紙が報道し話題になりました。

中国では、国外へ資産を移し、家族を移住させようとする高級官僚を「裸体官僚」と呼び、怒りの対象になっています。「裸」は「名ばかりで中身は隠し事だらけ」といった意味です。

彼らは、自分の国に未来がないことを理解しているのです。

不動産を処分して続々と逃げ出す富裕層

高級官僚だけではありません。二〇一二年一〇月、広東省広州市の都市管理部門の幹部が収賄《しゅうわい》の疑いで取り調べを受けましたが、取り調べで、同幹部が二二軒ものマンションを所有していることが明らかになりました。同幹部の月給は約一万元（約一二万円）ということです。その程度の月給で二二軒のマンションを所有できる国は、中国以外にあり得ないでしょう。

■海外逃亡した富裕層は2万人以上、共産党幹部は4000人に達する

しかも、そのように蓄財した地方の幹部たちが、所有するマンションを処分し始めています。もちろん、バブル崩壊の前に、資産を海外へ持って逃げられるように、です。

経済成長したなどと言っても、ほとんどの富は一部の富裕層に集まり、集まった富がゴッソリと海外へ流れてしまう。唯一、消費拡大に貢献できるはずの富裕層は使わずに持ち逃げし、残された一般市民はますます消費する余裕がなくなり、やはり海外へ逃げ出してしまう。

海外への移住者は、年間三〇〇万人はいるとも推計されています。

後に残されるのは、途方もなく膨れ上がった不良債権と、経済成長で破壊され尽くした環境、そして、どこへも逃げられない貧困層です。

世界最大の人口を抱える国が世界の最貧国になる、という異常事態は、中国だけの問題ではなく、人類全体の危機となりかねません。

37 格差問題の根底にある「搾取」の構造

特権階級によって「植民地化」された中国

中国の格差問題はもはや解決不可能な水準にまで達しています。

格差といっても、これは単純に「所得に差が開いた」などというものではなく、共産党独裁体制と腐敗・不正の横行によって必然的に起きた「搾取《さくしゅ》」の構造によるものです。

要するに共産党官僚がノーメンクラツーラ（赤い貴族）と化し、都市部の民工、農村戸籍の人民などへの富の分配を極限まで制限することで自分たちの繁栄を謳歌《おうか》する社会構造になっているわけです。

一言で言えば「植民地」です。

大戦前の世界は、欧米列強がアジア・アフリカを植民地として搾取するのが当たり前でした。白人による有色人種の支配です。

今となっては信じられない人種差別が当時は「世界の常識」で、ただ「自国民を豊かにする」ためだけに植民地は存在し、アジア・アフリカの諸国民と「ともに豊かになろう」という発想などまったくなかったのです。

現在の中国は、特権階級が自国内で人民を相手に「植民地支配」しているのに等しい状態であり、特権階級にもやはり、人民と「ともに豊かになろう」という発想は微塵《みじん》もありません。

そもそも共産体制化では中国人民に「主権」というもの自体がなく、人民の人権や生存権などを政府が守る、という発想すらないのです。

植民地の人々が貧困に喘《あえ》いでいても、当時の白人たちは「だから何？」くらいの感覚でしかなかったと思います。そこに罪の意識はまったくありません。

中国の特権階級も同じです。搾取される側の人民がどうなろうが、ただの「植民地」ですから自分には無関係なのです。

地方官僚が好き勝手に搾取できる体制

そしてそれは、中央政府だけでなく、地方もまったく同じです。

中国では鄧小平の改革開放以降、「先に豊かになれる地方から豊かになれ」という「先富論」による経済開発が進んだため、結果的に地方政府の権限が強化され、個別に発展を目指す割拠体

■中国の格差問題は「所得に差が開いた」などという単純なものではない

1 共産党官僚が都市部の民工、農村戸籍の人民などへの富の分配を極限まで制限

▼

特権階級が自国内で人民を相手に「植民地支配」している

2 地方の共産党幹部が、中央政府を無視して勝手に成長戦略を推し進める

▼

地方官僚が人民を搾取し私腹を肥やしている

▼

社会構造の根本改革なくして中国の格差は永遠になくならない

制になっています。

つまり北京の中央政府の統制を無視して、それぞれの地方の共産党幹部が、勝手に成長戦略を推し進めているわけです。経済格差が大きいのもそのためですし、環境破壊などの問題が放置されているのも、それぞれが「自分たちの都合」だけで好き勝手にやってきた結果でしょう。

それは同時に「地方官僚が好き勝手に人民を搾取し、私腹を肥やすことができた」ということを意味します。

共産党中央政府が強力な権力を一手に握っているようなイメージを持っている人もいるでしょうが、実質的には、各地方がバラバラの無統制国家という色合いが濃いのです。

このような社会構造を根本から改革しない限り、中国の格差は永遠になくならないでしょう。そして途方もない格差が解消されない限り、消費拡大による健全な経済成長もまた夢でしかありません。

38 中国共産党を脅かす二億三〇〇〇万の流動人口

仕事も故郷もない二億を超える若者たち

国家人口と計画生育委員会がまとめた「中国流動人口発展報告二〇一二」によると、二〇一一年末時点で中国全国の流動人口は史上最高の二億三〇〇〇万人に達しています。その八割は農村戸籍を持った人々です。

流動人口とはつまり、生活基盤を持たず、働くために住居を転々としている人々であり、その多くは農村から出てきた出稼ぎ労働者、農民工です。

日本にも派遣や日雇いで日々を食いつなぐネットカフェ難民のような人々が問題になっていますが、日本の事情とは深刻さの度合いが違います。

多くの若者はいわゆる「農民工二世」で、父親とともに故郷を離れ、あるいは戸籍のない都市部で生まれ育っているために、農民戸籍でありながら農作業など一切知らず、すでに帰る場所を失ったに等しい存在です。

しかも、そうした文字通り「根無し草」のような人々が、日本の人口の倍以上もあふれているのです。

公共事業投資や不動産投資が過熱していた時期は、多くの農民工が労働力として吸収されていましたが、輸出業の停滞、金融引き締めによる公共事業の激減、不動産バブルの終焉《しゅうえん》などで、今では彼らの仕事も次第に失われつつあります。

出稼ぎが出来なくなったら農村へ帰るしかありませんが、帰る場所もない「農民工二世」たちは、どうやって生きていけばよいのでしょうか。

現実的に食べていけないのであれば、追い詰められた彼らがいつ暴動に走ってもおかしくはありません。

盛んに報道されていた反日デモを見ても、二〇代の若者が大半を占めていることが見て取れました。何かのきっかけさえあれば、仕事にあふれた若者たちが暴れ出すのは容易です。

中国共産党が恐れる若者たちの暴動

それこそが、中国共産党が最も恐れているものに他なりません。二億を超える暴動となれば、政権転覆《てんぷく》しかねない一大事です。六四天安門事件の規模をはるかに超える大事件に発展するのは間違いないでしょう。

政権を揺るがす暴動の発生は、現実味を帯びてきた

春節（旧正月）を故郷などで過ごすため、北京駅前で列車を待つ出稼ぎ労働者たち

写真提供：新華社＝共同

一九八九年の六四天安門事件を学生運動の弾圧と捉えている人も多いようですが、あの事件も、高インフレで怒りを爆発させた民衆が学生デモに合流し、拡大していったものです。

事件によって共産党政権が存続の危機に立たされ、政権維持のための手段として経済成長戦略が取られた、という流れです。

したがって中国が強引な経済成長を続けるのも、そうしないとふたたび暴動が起きかねないことを骨身に沁《し》みてわかっているからでしょう。

何しろ一三億の人口ですから、失業率が一パーセント上がっただけで八〇〇万人以上の失業者が出るわけです。「保八」と呼んで成長率八パーセントの維持に拘泥《こうでい》するのも、無理からぬ話です。

しかし、無理がたたって中国の経済成長は成長の手段を次々と失っています。政権を揺るがす暴動の発生は、日に日に現実味を帯びてきたようです。

39 「国民国家」として一致団結できない中国人

五〇以上もの民族と言語が入り乱れる社会

中国という国は、私たち日本人がイメージしている国民国家とは、まったくの別物です。中国人民は、お互い「同じ国において運命をともにする身内である」という認識を持ち合わせていません。

中国の人口の九〇パーセント以上を漢民族が占めていますが、同じ民族だからといって身内意識を持っているわけではなく、そもそも言葉からして違います。

日本人に中国語で「ありがとう」は何かと問えば、ほとんどの人が「シェシェ」と答えると思います。しかし「シエシェ」はあくまで「北京語」であり、上海語では「シャジャ」、広東語では「トーチェ」です。同じ漢民族であっても言葉には方言以上の違いあるのです。

そして漢民族以外に、五〇を超える少数民族たちがいます。伝統的な文化を残している勢力の大きい異民族はモンゴル、ウイグル、チベットくらいで、数千人程度の少数民族のほとんどは漢民族との同化が進んでいるものの、使用している言語は違います。

つまり中国は、五〇以上もの民族と言語が入り乱れている混沌《こんとん》とした社会なのです。

多民族国家といえばアメリカですが、「人種のるつぼ」と呼ばれながらも、自由という理念のもとにアメリカ国民としての忠誠を誓い、一応はみな同じ国民国家の一員としてのアイデンティティを保っています。しかし、中国人にはそうした共通の理念などというものは存在しません。

中国人はもともと「身内意識」が強く、身内に対しては比較的正直にふるまいます。しかしその反面、外の人間をはっきりと区別して、自分たちの利益になるならウソをつくのも平気です。

身内意識が強く、言語もバラバラ。したがって、他の省の人間と同じ運命共同体という感覚はなく、そうした人たちにひとつの「国民」としての統一感を持たせようとすること自体が不可能なのです。

同じ中国人でもみな他人同士

所得格差だけでなく地域格差が極端

50以上もの民族と言語が入り乱れている混沌とした社会

に生まれてしまうのも、「他の地域なんてどうなろうが知らない」という意識が遠因となっているはずです。

社会保障制度がうまくいかないのも、そこに原因があります。

保険制度は「互いが互いを助け合う」ものであり、自分が支払った保険料で赤の他人の医療費を支払う、という前提に合意することで成り立っているはずです。

同じ「国民」だと思っているなら納得できますが、縁もゆかりもない「他の民族」の医療費を負担しなければならないと考えたら、納得などできるはずもありません。

一三億の人間が一致団結したら世界一の強国になれるでしょうが、現実的には、みな自分たちのことしか考えていません。そしてその上に立つ独裁政党が、自分たちの権力維持のためだけの政治を行っているのです。

中国が国の繁栄のために「一致団結」するなど、非現実な妄想に過ぎません。

40 一人っ子政策が残した負の遺産

経済成長に寄与した一人っ子政策

一九七九年、改革開放政策と同時に始まった中国の一人っ子政策は、人口の抑制と同時に、経済成長にも大きな効果がありました。子供が一人しかいない分だけ、消費活動の活性化に寄与したのです。

もし二人目を妊娠した場合は強制的に中絶させられ、生んでしまった場合は年収の数倍にも及ぶ罰金を科せられ、場合によっては職を失うという厳しい罰則のおかげで、思惑通りに「一人っ子」は増え続け、二〇〇八年に一億人を突破しています。

しかし、短期的には成功したかに思えた一人っ子政策も、ここへ来て、様々な弊害が見え始めてきました。

一つは、「少子高齢化」の加速です。改革開放後の経済成長は、豊富な労働力が基礎になっていたのですが、今後は「人口ボーナス」が減少していくことになり、経済成長の速度が鈍るのは避けられません。

それ以上に問題なのは、人口の男女比のバランスが著しく歪み始めた点です。男の子のほうが圧倒的に多くなってしまったのです。

一人しか産めないとなったら、男の子と女の子のどちらが欲しいか、と考えた時、「跡継ぎ」になる男の子を選びたがるのは、日本と同じでしょう。

国際連合経済社会局人口部が発表している「人口推計の二〇一〇年改訂：World Population Prospects, the 2010 Revision」では、中国の男女比は二〇一八年に二〇〇〇万人、二〇三一年に三〇〇〇万人の開きを生じると予測しています。

つまり「三〇〇〇万人の花嫁が足りない」という状態になるわけです。

生活苦による不満に加え、結婚したくてもできない不満を抱えた若い男性が三〇〇〇万人もいる社会を、思い描いてみてください。彼らが社会に決して好影響を与えないであろうことは、容易に想像できます。

「嫁不足」を補うために他国から女性を、などという方策も、それだけの人数では国際問題になりかねません。

戸籍を持たず社会保障も受けられない「黒子」の存在

■中国の婚期(20～39歳)男女人口の変化

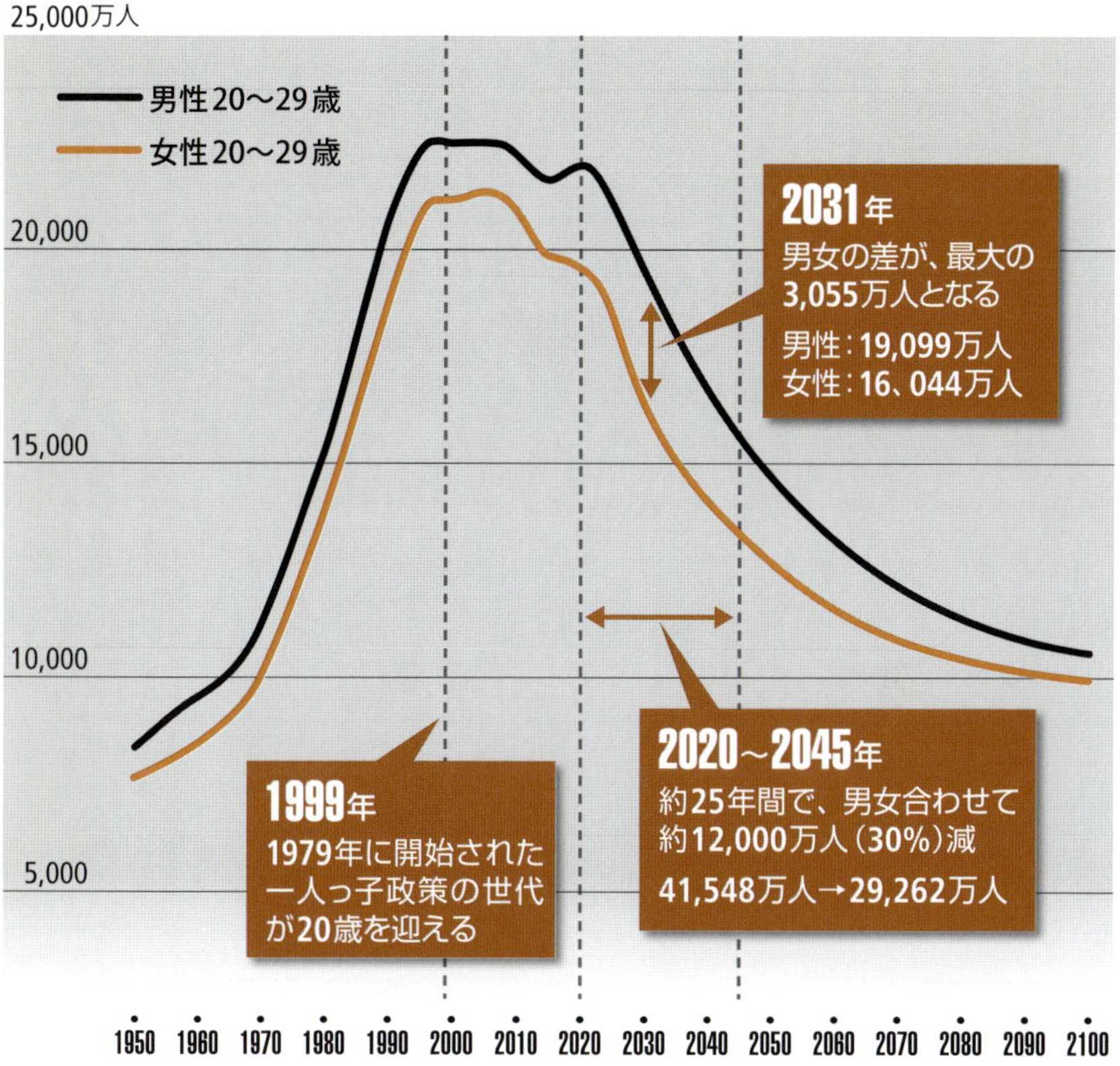

出典：World Population Prospects, the 2010 Revision

さらにもう一つ、深刻な人権問題になっているのが「黒子」の存在です。

一人っ子政策後、貧困層は二人目、三人目を妊娠してしまっても中絶する費用が出せず、生んだまま届け出を出さないケースが多発しました。つまり戸籍を持たない子供たちが大量に生まれたのです。乳幼児の売買も闇で行われていたようです。

戸籍を持たず、社会保障も何も受けられず、「いない」ことになっている人々が「黒子」と呼ばれ、一〇〇〇万人とも一億人とも言われていますが、はっきりした統計がないため、実際のところはわかりません。

もちろん、彼らが満足に職を得ることなど叶いません。失業率に反映されることもありません。中国共産党にとっては、彼らもまた、いつ暴徒と化すかもしれない危険な存在です。

これからの中国は、結果的に裏目となった一人っ子政策の後遺症に悩まされ、経済成長どころではないでしょう。

41 人民を苦しめる高い医療費とお粗末な保険

高額な医療費とないに等しい健康保険

中国の個人消費が拡大できないもう一つの大きな原因である社会保障制度について、具体的に見てみましょう。

アメリカには国民皆保険の制度がなく、五〇〇〇万人以上の人が健康保険に加入していません。おまけに医療費の高さは常軌を逸《いっ》しており、大きな病気で入院などしたら、一生が台無しになってしまうレベルです。

中国の現状は、アメリカの不完全な健康保険と法外な医療費をさらに悪化させた、最悪の事態になっています。

健康保険が適用される医療機関は、ごくわずかな公営（または国営）の病院のみで、高度で高品質の外資系病院などは一切適用されません。

また、都市戸籍と農村戸籍で健康保険の制度が異なり、「民工」と呼ばれる農村戸籍の出稼ぎ労働者は、健康保険は適用されないことになっています。健康保険など、実質的にはほとんどゼロに等しいと言ってよいでしょう。

社会主義を全面に標榜《ひょうぼう》していた時代は、貧しいながらに社会保障制度もそこそこ充実していたのですが、改革開放以降、国有企業の解体などが進み、機能しなくなってしまったのです。

そして共産党独裁体制からくる搾取の構造と、資本主義の導入からくる極端な拝金主義の横行が結びついた結果、医療すらも特権官僚の集金マシーンとなってしまったようです。

上海の可処分所得は月一六〇〇元（約二万円）程度で、病院の平均医療費は、一回の診察で五〇〇元（約六二五〇円）です。一度診察を受けただけで、月収の三分の一が消える計算になります。中国で最も裕福な都市である上海でさえ、このレベルなのです。

大病などしたら、蓄えのない貧困層は座して死を待つしかないでしょう。こんな状況で消費拡大など、できるはずもありません。

未加入者が多過ぎて無意味な年金制度

もうひとつの社会保障である年金制度として、「養老保険」がありますが、こちらも現実的には機能しているとは言い難い状況です。

中国の「人的資源・社会保障事業発

■2008年 中国の養老保険加入状況

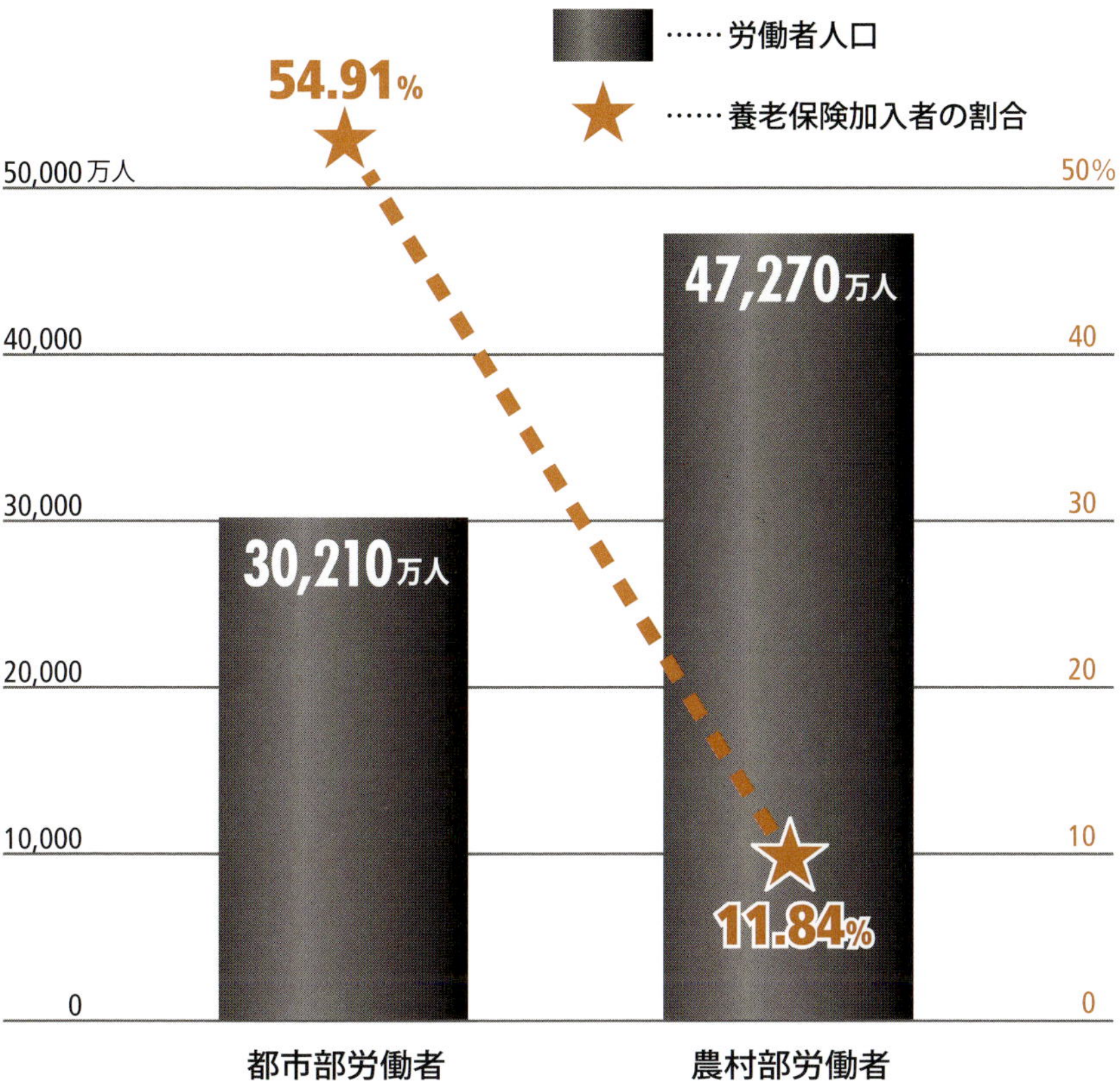

出典：人的資源・社会保障事業発展統計公08年版

展統計広報」によると、二〇〇八年末時点で中国の現役労働者数は七億七四八〇万人で、そのうち都市労働者が三億二一〇万人、農村労働者が四億七二七〇万人となっています。

しかし、養老保険の加入状況はグラフの通り、都市労働者でも約半数が未加入でした。農村労働者にいたっては、わずかに一一パーセントという驚きの加入率です。

受給額が十分かどうかを語る以前に、これだけ未加入者がいては社会保障制度の意味がないでしょう。

その後、中国政府は改善のため加入者を増やすことに力を入れ始め、二〇一二年には、加入者が四億人に達したとの報道がありました。しかし案の定、積立金の流用が横行し、深刻な資金不足に陥っているようです。

皆保険を目指しながら、保険料という名目でさらに搾取されるだけ、という最悪の事態になっては、泣くに泣けません。

42 貧しいままで高齢化社会を迎える不安

高齢化の加速が中国最大の問題

中国国家統計局の発表によると、二〇一二年の中国の生産年齢人口（一五歳～五九歳）の絶対数が初めて減少し、前年比で三四五五万人減となりました。

これまでの中国は年々労働人口が増加し続け、人口面のメリットを享受してきましたが、ついにピークを打ち、減少に転じたのです。今後も減り続ける見通しで、経済面での影響が懸念されています。

「一人っ子政策」が始まって三〇年が経ち、人口抑制の目的はある程度の効果を上げたようですが、一転して厳しい労働人口不足に直面することになってしまいました。

高齢化は急加速し、すでに六〇歳以上の人口は二億人を超えようとしています。国連の人口統計によれば、二〇一〇年時点で全人口の一二パーセントに達しています。

ＯＥＣＤの予測では、中国の六五歳以上の人口比率は、二〇三〇年時点で日本を抜いて世界一になるだろうとの見通しです。

ちなみに日本の六五歳以上の人口比率は二〇一一年時点で二三・三パーセントです。

日本の高齢化も問題ではありますが、中国は比較にならないほど早いペースで高齢化が進んでおり、はるかに深刻な問題です。

「現時点では日本のほうが深刻だろう。他国の心配をしている場合か」

などとお叱りを受けるかもしれませんが、日本の高齢化と中国のそれとでは、抱える問題がまったく異なっています。

中国の高齢化は「早過ぎる」のです。

豊かになる前に老いる中国人たち

一般的に、高齢化の主な原因は出生率の低下と平均寿命の延長です。成熟した社会の幸福における悩み、とでも言うべきものです。

つまり高齢化を迎えた先進国は、そのときすでに一定の豊かさを手にし、社会保障なども整っている状態であるのが普通です。ですから、負担であることに変わりはないとはいえ、それなりの対応策はあるものです。

■2030年、中国の65歳以上の人口比率は日本を抜いて世界一

日本も高齢化社会に突入したとき、すでに先進国で、所得水準は四万ドルに達していました。

しかし中国は、社会が豊かになる前に高齢化を迎えてしまったのです。

国民所得が日本の一〇分の一という段階で、高齢者を養っていかなければならないのです。

その上、前述の通り、社会保障制度が未整備のままです。

再三にわたって述べているように「国民の暮らし」を無視して「経済成長のための経済成長」を驀進《ばくしん》し、必然的に抱える諸問題の対策をまったくしてこなかった結果でしょう。

しかも中国の場合は、規模が大き過ぎるのです。社会や経済に与える影響も日本とはレベルが違います。

高齢化問題は一朝一夕で解決できるようなものではありません。深刻な社会問題を多く抱えながら、これから先も経済成長を進めていくなどというのは、まず不可能でしょう。

43 人間の生存限界を超えた環境汚染

経済成長優先で放置された環境汚染

単純にGDPを増やすことだけが目的なら、自然環境を次々に破壊して投資を続ければ容易です。しかし、そのために国民が健康に暮らせなくなっては、何のための経済成長なのかわからなくなってしまいます。経済成長は国民が幸福に暮らすためにこそあるのですから、これでは本末転倒《ほんまつてんとう》です。

ところが中国は、この本末転倒なやり方を平然と続けてきました。GDPの数字を増やすこと自体が目的となり、国民の暮らしをまったく考慮してこなかったのです。

日本でも高度成長時代は光化学スモッグなどの様々な公害問題がありましたが、公害対策に努力を傾注し、今ではそのほとんどが克服されています。

中国が本当の意味で経済成長を目指し、豊かな先進国になろうとするなら、同じ問題を避けて通ることはできません。しかし、公害対策が経済成長の伸びを鈍化させることを嫌ったのか、もともと国民の暮らしなどどうでもいいと考えているのか、現在に至っても放置したままです。

その結果、中国国内の環境汚染は凄《すさ》まじい勢いで進み、もはや人間の生存限界を超えたレベルに達しています。例によって日本のマスコミでは滅多に報道しませんが、中国国内では連日、ビックリするような環境汚染のニュースが当たり前のように報道されています。日本では大騒ぎになるようなニュースが、中国では日常なのです。

二〇一三年に入ってからは、北京の大気汚染が大きな話題になりました。見た目にもはっきりわかる濃霧が市全体を覆い、上空から映した写真は、まるでSF映画に出てくる未来都市のように見えるほど異様な光景でした。

濃霧は有害物質を多く含んでおり、大気汚染指数はWHO(世界保健機構)が定める指導値の三五倍。また空気品質指数では、一〇〇で「不健康」、四〇〇で「危険」ですが、常時七〇〇を超え、一時的に一〇〇〇の大台にさえ乗ることもありました。日本への影響も心配されています。

汚染の深刻度は想像を超えるレベル

■大気汚染指数はWHOが定める指導値の35倍

大気汚染で日中でも見通しが悪い北京市内の道路

写真提供：共同通信社

土壌汚染、水質汚染も深刻で、産業廃棄物、排水の垂れ流しで鉛、カドミウム、ヒ素など、人体に大きな害を及ぼす重金属による汚染が、中国全土に広がっています。

　もちろん住民たちは改善を訴えますが、賄賂《わいろ》をもらうのが当たり前の権利だと思っている国ですから、大口納税者でもある工場に対して地元政府は何もしません。さらに、農作など絶対に不可能と思える汚染された土壌でもお構いなしに作付けし、そこで出来た作物が流通しているため、健康被害は凄まじい勢いで広がっています。

　実態がどれほどのものか正確に把握したデータはありませんが、中国産食品の汚染濃度を見れば、どれだけ恐ろしい事態になっているか、想像に難くありません。

　仮に中国がこのまま経済成長を続けたとしても、国土が破壊されてしまっては、国そのものが崩壊してしまうでしょう。

44 ゴーストタウン化していく中国

人口一〇〇万都市がゴーストタウンに

中国の内モンゴル自治区オルドス市のカンバシ地区は、人口一〇〇万都市を目指して開発された人工都市です。林立する高層ビルマンションや巨大な博物館、劇場などが並ぶ同地区ですが、マンションはほとんどが空室で、オープンしたばかりの大型商業施設も、貸店舗の六割が埋まっていないという状況です。

最終的には東京二三区の半分の広さになるはずの「一〇〇万都市」は、完成する前からすでにゴーストタウンと化してしまいました。

オルドス市は、中国の経済成長に伴う石炭価格の高騰で炭鉱開発が急速に進み、栄えた都市です。

農地と引き換えに巨額の補償金を手にした農民は、不動産投資にのめり込んでいきました。「中国で最も豊かな都市」とまで言われましたが、金融危機以降に石炭の価格が暴落し、一瞬にしてバブルは崩壊しました。

何もなかった貧しい一地方都市が、急激な勢いで豊かになり、瞬時にしてまた逆戻り。後には、誰も住まない巨大な建築群だけが残されています。

まるで二一世紀中国の盛衰を象徴するかのようです。

オルドス市と同じように、猛烈な建設ラッシュの末にゴーストタウン化した都市は、中国全土に点在しています。

ある統計によると、中国の一八八都市が、オルドス市と同様に「国際的大都市」を目指しています。

しかし、入居者のいない新築物件は、中国全土で一億戸を超えているとさえ言われます。不良債権化した不動産は増える一方で、もはやバブル崩壊は疑いようがありません。

それでも中国政府は「新都市計画」を新たに始め、さらにマンションを建てようとしています。建て続けなければ、倒れるだけだからです。

崩壊した大国の恐ろしい行く末

ただ資産を生むためだけに建てられ、バブル崩壊を察した人間たちによって富は持ち去られ、マンションに住むことすらできない人々は、生きる術を求めて立ち去り、後には、住む人間のい

■高層ビルマンションはほとんどが空室

カンバシの無人のマンション群

立派な区役所ビルのなかは空っぽ

ないマンションだけが無数に残る。そして人間がいない街に、次々と新しいマンションが建っていく。

人間不在の街が開発されていく滑稽《こっけい》さは、国民不在の国を経済成長させる滑稽さそのものです。

「不動産バブル崩壊」を認めず、この先も延々と投資を続けていけば、やがて中国という国そのものが、ゴーストタウンと化してしまいかねません。

そのとき、一三億の人民たちは、どこへ消えてしまうのでしょうか。荒らすだけ荒らされた広大な国土は、一体誰が後始末をするのでしょうか。

年間三〇〇万人が海外へ逃亡すると言われている中国。世界各国、至るところで中国系移民が激増しているのは事実です。

狂気じみた経済成長の末に崩壊した大国は、一体どのような姿になっているのでしょうか。想像したくもありませんが、崩壊前の暴走に日本が巻き込まれないことを祈るのみです。

45 習近平新体制が抱える数々の不安

弱体化が懸念される習近平新政権

二〇一二年一一月一五日、習近平が共産党書記に選ばれ、新政権がスタートしました。

そして習近平は本年度中に国家主席に就任することになります。対日関係も含めて今後の舵取りがどのように行われるのか注目されています。

しかし、少なくとも中国国内の知識人の間では、経済復興も政治改革も不可能と見られているようで、習近平を「ラスト・エンペラー」と呼んでいるそうです。

共産党政権そのものの弱体化も必至の様相です。

現在の共産党は決して一枚岩ではありません。団派（中国共産主義青年団派）、中国共産党の高級幹部の子弟グループである太子党、上海閥が激しい権力争いを繰り広げています。

胡錦濤、温家宝は団派に属しており、習近平は上海閥です。

上海閥が太子党と連携し、団派を追い落とした構図になっていますが、太子党の薄熙来《はくきらい》が失脚したことによって、団派に対抗して既得利権を手放したくない思惑が一致した両者の妥協の産物として、習近平の擁立に固まったというのが大筋の流れでしょう。

ご承知のように民主主義国家ではないので、選挙によって選ばれたわけでもなく、また、長老の使命を受けたわけでもなく、習近平でなければならない正統性は見当たりません。

過去の指導者のようなカリスマ性を保つことは、それ相応に後継者としての正統性を持たない限り、多くの困難を伴うはずです。

共産党への求心力を維持するのも難しくなり、指導部の弱体化は避けられません。

ツケを払うために就任したようなもの

中国社会の統制が効かなくなりつつある上に、共産党内部の統制も失われていく状態になっては、経済成長も政治改革も不可能でしょう。

しかも彼が受け継いだのは、長老たちが回復不可能な段階まで破壊し尽くし、搾取し尽くした後の中国です。

まるでツケを払うために受け継いだ

■習近平はラスト・エンペラー!?

ようなものです。

不動産バブルの後始末。行き詰った輸出業の立て直し。暴動寸前の貧困層対策。上がり始めた失業率。放置されたままの環境問題ｅｔｃ。

難題は山ほど残されています。

諸悪の根源は共産体制による一党独裁と特権階級の腐敗です。

本来なら、何よりも政治改革が先ですが、特権階級によって支持されてきた習近平には不可能でしょう。

最初からとことん八方塞《ふさ》がりの新政権が、結局、例によって外敵を作ることで政権維持に走り、「日本が悪い」と言い出しても不思議ではないと思います。

軍事的衝突があり得るのかどうか、予測はしかねますが、その可能性が否定できない程、中国が追い詰められているのは疑いようがありません。

いずれにしても、二〇一三年は中国の動向から目を離すことができないようです。

編集協力	塩原　晃
装幀＋本文デザイン	神長文夫・渡部岳大
本文イラスト	山中省治
DTP	WELL PLANNING

三橋貴明（みつはし・たかあき）

経済評論家、作家、中小企業診断士。
1969年、熊本県生まれ。東京都立大学（現、首都大学東京）経済学部卒業。外資系IT企業、NEC、日本IBMなどに勤務ののち、2008年、中小企業診断士として独立。2007年、インターネットの公開データの詳細な分析によって韓国経済の脆弱な実態を暴く。これが反響を呼んで『本当はヤバイ！ 韓国経済』（彩図社）として書籍化され、ベストセラーとなる。既存の言論人とは一線を画する形で論壇デビューを果たした異色の経済評論家。著書に『経済の自虐主義を排す 日本の成長を妨げたい人たち』（小学館101新書）、『2013年大転換する世界 逆襲する日本』（徳間書店）、『アメリカ、中国、そして日本経済はこうなる』『中国がなくても、日本経済はまったく心配ない!』『それでも、日本経済が世界最強という真実』『いよいよ、韓国経済が崩壊するこれだけの理由』（以上、ワック）など多数がある。

日本経済は、中国がなくてもまったく心配ない

2013年3月27日　初版発行

著　者　三橋　貴明

発行者　鈴木　隆一
発行所　ワック株式会社
東京都千代田区五番町4-5　五番町コスモビル
〒102-0076
電話　03-5226-7622
http://web-wac.co.jp/

印刷製本　図書印刷株式会社

ISBN978-4-89831-402-9

好評既刊

図解 いよいよ、韓国経済が崩壊するこれだけの理由
三橋貴明

「サムスンに学べ」と言うバカ！
韓国人の賃金は下がり続けている！
◎外国人株主に搾取されている韓国 ◎日本からの資本財輸入に依存した経済構造 ◎日本の四分の一しかない労働生産性

本体価格 九三三円

図解 それでも、日本経済が世界最強という真実
三橋貴明

日本経済が破綻しない48の理由！
日本は世界がうらやむ最強の国だ！
◎世界に援助できるほどお金があり余っている ◎家計の金融資産も世界一 ◎日本だけが不良債権処理を終えている

本体価格 九三三円

図解 いま聖書を学ぶ
曽野綾子

曽野綾子さんが、聖書とは何かを、
分かり易く教えてくれる！
◎イエスはどんな時代に登場したのか ◎何が幸いか ◎祈りと赦し ◎神はどこにいるのか ◎愛はすべてを完成させるきずな

本体価格 九三三円